「不安」にならない練習

キャリアサイエンス研究所所長
奈良雅弘

プレジデント社

はじめに

　東洋医学に「未病」という考え方があります。病気というほどではないけれど、健康といえる状態でもなく、もしかすると病気に向かいつつあるかもしれない。そんな状態を指しています。

　現在の日本人の多くが、実は、精神面において「未病」の状態にあるのではないかと、ときどき思うことがあります。もちろん、大多数の人は、病的な状態ではありません。しかし、では生き生きした、健康的な精神状態かといえば、とてもそうとはいえない。多くの人が、常に心のどこかに不安定さを抱えており、ちょっとしたきっかけで病気に突き進んでしまう危うさを抱えている。そんなふうに思えてならないのです。

　本書のテーマは「不安」という感情ですが、この感情を選定した理由は、こうした「未病状態」の広がりを生んだ主犯が、日本人の心の奥底に広く存在する「不安（感）」であると考えるためです。

　経済停滞や高齢化に対する漠とした不安や、巨大災害への恐怖にも似た不安は、人々の内面に、あまねく存在しています。また、生活維持の不安や、集団内での孤立化の不安にとらわれる人の数は、以前より確実に多くなっています。社会レベル・個人レベルの多重の不安に覆い尽くされた状況の中で、人々の心が不安定化し、「未病」の状態になっていくのは、考えてみれば、ごく当然のことのような気がします。

　このような時代にあって、私たちに求められているのは、不安に強いメンタリティを、みずからの努力で作り上げることです。残念ながら、環境自体が大きく好転する可能性は、限りなく低いといわざるを得ません。「長いつき合い」と認識し、不安に押しつぶされることなく、強く生きていく力を持つことが、この時代を生き抜くにはもはや不可欠なのです。

　本書は、こうした認識のもと、現に不安に悩む人、あるいは「未病状

態」を自覚するすべての人を対象に、「不安に押しつぶされることなく、強く生きていく力」の強化を支援する目的で書かれたものです。

　もとより、その実現は簡単なことではありません。そこで本書では、下記のような流れで、一歩ずつ確実に強化を図っていきます。

　まず最初に取り組むのは、「不安の発生メカニズム」の理解です。脳内で起きる「得体の知れない現象」のままでは、不安に立ち向かうことはできません。自分の脳内で何が起きているかを客観的にとらえるための基礎知識を身につけることに、まずは取り組んでいただきます。

　次に取り組んでいただくのは、ご自身の現状を正しく理解することです。自分のどのような思考傾向が不安を過剰化させるのか。診断テストを活用して、「脳内の現状」を把握していただきます。

　そして最後に(これがメインですが)、現状を踏まえ、自身に必要な「不安を解消(軽減)する練習」に取り組んでいただきます。思考の不備(バグと呼びます)を修正するトレーニングや、不安発生に深く関与する「扁桃体」への働きかけに関する学習などが、その内容となります。

　不安は、「予測」という高度な知の働き(知性)が生み出します。本来、知性は、ヒトがよりよく生きるためのツールなのに、どこかで歯車が狂い、自分を苦しめるために使われてしまうのです。

　あなたのその高度な知性が、不安を生むためではなく、前向きに人生を生きていくためにフルに活用されるようになること。本書が、そのきっかけとなるならば、これに勝る幸いはありません。

奈良雅弘

CONTENTS

はじめに ... 002

ざっくり把握！不安にならないための5つのPoint ... 008

- Point 1 　扁桃体と前頭前野は、協力して「将来の脅威」に備えています。
- Point 2 　扁桃体が興奮するとプログラムは誤作動を起こします。
- Point 3 　潜んでいた脳内バグが動き出すとき、不安の量産が始まります。
- Point 4 　バグ解消の練習をすれば不安は軽減することができます。
- Point 5 　脳の制御メカニズムを活用して扁桃体の性質を穏やかにできます。

準備編

第1章　不安についての基礎知識 ... 015

- 01　そもそも感情とは ... 016
- 02　不安という感情 ... 018
- 03　不安の危険性 ❶ ... 022
- 04　不安の危険性 ❷ ... 024
- 05　「不安にならない」とは（本書の趣旨） ... 026

第2章　ヒトが不安に悩まされる理由 ... 029
―― 脳の進化史の視点から

- 01　扁桃体について ... 030
- 02　恐怖＝脅威対応の仕組み ... 032
- 03　脳の進化と「予測力」の獲得 ... 034
- 04　協業による新プログラムの誕生 ... 036
- 05　協業が抱えていた「危うさ」 ... 038
- 06　「過剰警戒モード」の発生 ... 040
- 07　「不健康な不安」の始まり ❶ ... 042
- 08　「不健康な不安」の始まり ❷ ... 044

第3章 「脳のバグ」を理解する —— 047
——「不安にならない練習」に向けて

- 01 焦点は「前頭前野の欠陥」 —— 048
- 02 欠陥＝バグ群と考える —— 050
- 03 バグの内容 ❶ —— 052
- 04 バグの内容 ❷ —— 054

第4章 「練習」の全体像を理解する —— 059

- 01 「不安にならない」の再定義 —— 060
- 02 バグ解消への3つの練習 —— 062
- 03-❶ 診断テストで自分を知る —— 064
- 03-❷ 前頭前野を鍛える —— 066
- 03-❸ 扁桃体を穏やかにする —— 068

【練習編】

第5章 診断テストで自分を知る —— 071

- 01 自己診断テストにトライする —— 072
- 02 全体傾向を把握する —— 074
- 【ワーク】不安に関する「脳内地図」を作成する —— 076
  （バグ状況の把握図）
- 03 自己の特徴を理解する —— 078
- 04 練習内容を定める —— 086

第6章 脅威を生み出さない練習 ……091
──前頭前野を鍛える❶

【準備】第6章の練習内容について ……092
- 01 思考の流れを止める ……094
  - メニュー❶：「パターン化された不安」を見出す ……096
  - メニュー❷：「避けるための工夫」を考える ……098
  - メニュー❸：思考停止を試みる ……100
- 02 予測を適正化する ……102
  - メニュー❶：フィルターを自覚する ……104
  - メニュー❷：自分の「思い込み」を知る ……106
  - メニュー❸：「思い込み」を取り除く ……108
- 03 期待レベルを下げる ……110
  - メニュー❶：準備練習をする ……112
  - メニュー❷：自分の期待を知る ……114
  - メニュー❸：期待レベルを下げる ……116
- 04 負の解釈を克服する ……118
  - メニュー❶：負の解釈に反論する ……120
  - メニュー❷：価値を与える練習をする ……122
  - メニュー❸：脅威に価値を与える ……124

第7章 不安を打ち消す練習 ……127
──前頭前野を鍛える❷

【準備】第7章の練習内容について ……128
- 05 対策の幅を広げる ……130
  - メニュー❶：原因を幅広くとらえる（予防策）……132
  - メニュー❷：対策パターンを増やす（予防策・事後策）……134
  - メニュー❸：「避けたいこと」を克服する ……138
- 06 自分を動かす ……140
  - メニュー❶：弱さを直視する ……142
  - メニュー❷：自分に先手を打つ ……144

		メニュー❸：最初の一歩を考える	146
	07	切り替える力を高める	148
		メニュー❶：「いま、ここ」で考える	150
		メニュー❷：「楽しい目標」から考える	152
		メニュー❸：場面ごとに用意する	154
【練習問題の参考解】			158

第8章 扁桃体を穏やかにする — 最新脳科学の知見を活かして　159

01	扁桃体にメッセージを届ける	160
02	さまざまなルートと手段	162
03	穏やかにする❶：十分な睡眠	164
04	穏やかにする❷：匂いと音楽	166
05	穏やかにする❸：触れる	168
06	穏やかにする❹：つどう・語り合う	170
07	穏やかにする❺：環境を改善する	172

おわりに　174

【参考】

不安と危機感　020
「病的な不安」について　028
脳内地図を作る　075
対策パターンのリスト（予防策と事後策）　136
「老後問題」とどう向き合うか？　156

【Column】

ヘビ専用の細胞が存在する!?　046
バグを捜査官キャラにしてみました！　056
扁桃体政治あるいは自爆化する世界　070
あきらめたから、生きられた　090
「見えないもの」を脅威にしてしまった人類　126

Point **1**

扁桃体と前頭前野は、協力して「将来の脅威」に備えています。

➡ 詳しくは第2章で

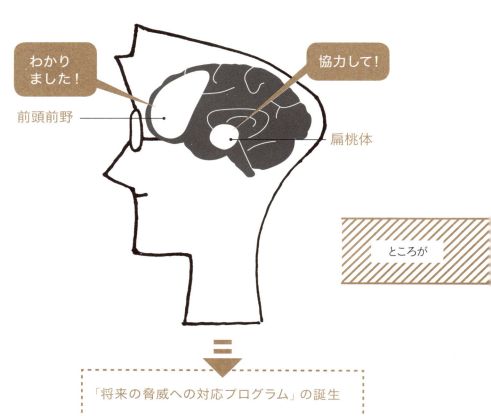

「将来の脅威への対応プログラム」の誕生

人類誕生のずっと以前から、脅威発見センサーとして活躍してきた扁桃体は、進化によって高度な思考力（予測力や問題解決力など）を獲得した前頭前野に呼びかけ、協力して「将来の脅威に備えるためのプログラム」を生み出しました。

ざっくり把握！ 不安にならないための5つのPoint

Point 2
扁桃体が興奮すると
プログラムは誤作動を起こします。

➡ 詳しくは第2章・第3章で

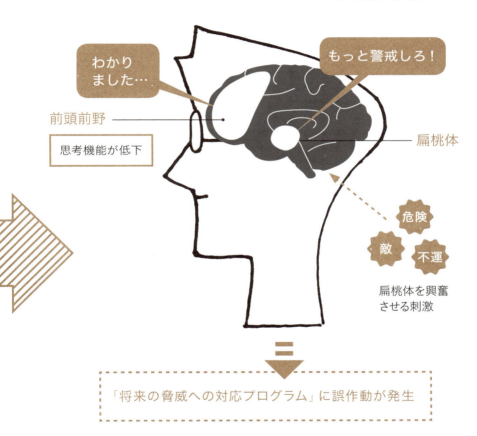

扁桃体は、何らかの刺激によって興奮すると、前頭前野に対して「もっと警戒しろ！」といった内容の指示を出します。これに影響されて、前頭前野に変調が生じると、思考機能が低下し、「将来の脅威への対応プログラム」は、次々に誤作動を起こすようになります。

Point 3

潜んでいた脳内バグが動き出すとき、

扁桃体の興奮の影響で、前頭前野の処理プログラムにバグが発生し、不安を量産する「過剰警戒モード」への移行という事態が発生します。

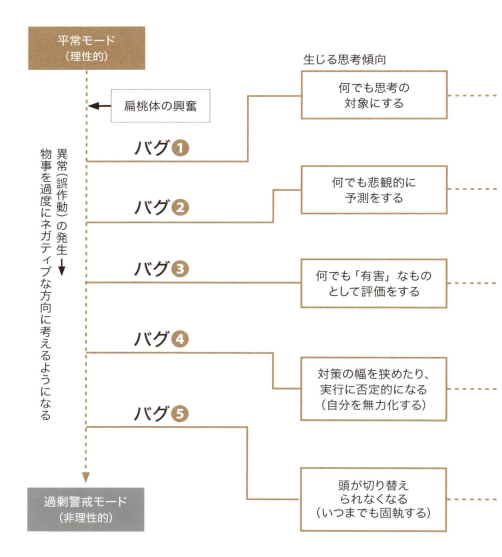

ざっくり把握！不安にならないための5つのPoint

不安の量産が始まります。

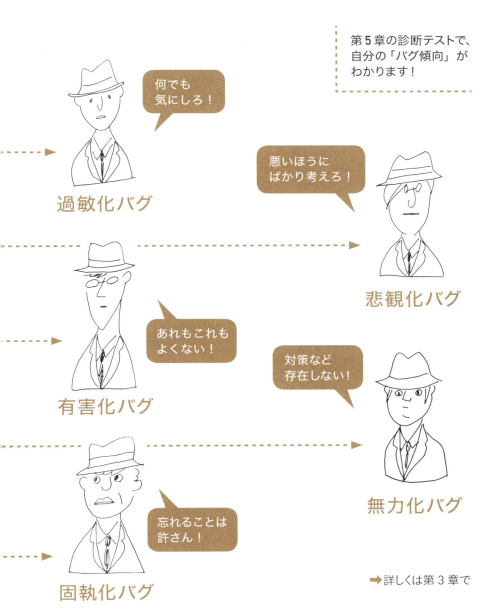

Point **4**

バグ解消の練習をすれば
不安は軽減することができます。

➡ 詳しくは第6章・第7章で

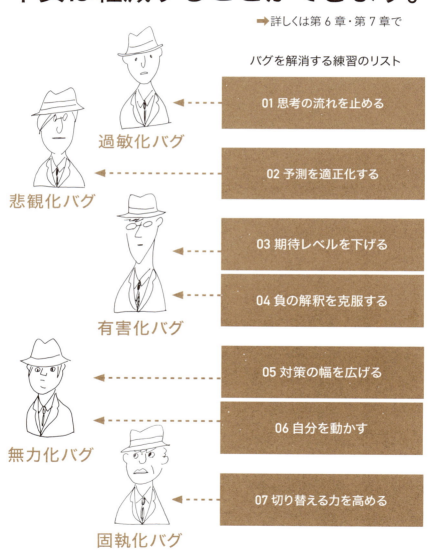

バグを解消する練習のリスト

- 過敏化バグ → 01 思考の流れを止める
- 悲観化バグ → 02 予測を適正化する
- 有害化バグ → 03 期待レベルを下げる
- 有害化バグ → 04 負の解釈を克服する
- 無力化バグ → 05 対策の幅を広げる
- 無力化バグ → 06 自分を動かす
- 固執化バグ → 07 切り替える力を高める

ざっくり把握！ 不安にならないための5つのPoint

Point 5
脳の制御メカニズムを活用して扁桃体の性質を穏やかにできます。

➡ 詳しくは第8章で

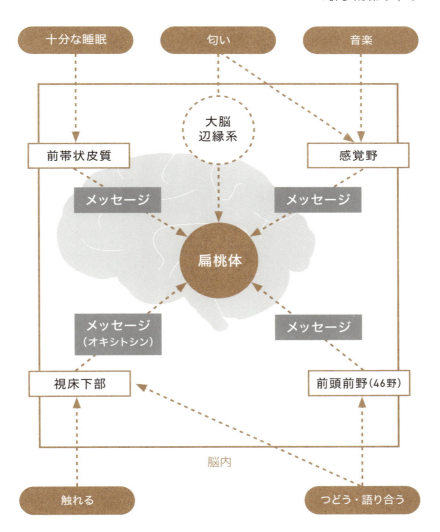

第 1 章

不安についての基礎知識

01 そもそも感情とは

不安について考察する前に、不安を含む「感情」とはそもそもどのようなものなのか、本書の考え方を説明しておきたいと思います。

感情は「評価」が生み出す波紋である

　科学技術が著しい進歩を遂げたいまも、感情の正体はよくわかっていません。感情の定義や、どれだけの種類の感情が存在するのかといった、基本的な事柄でさえ、まだはっきりと定まってはいないのです。

　ただ、多くの研究者に共通する見解が１つあります。それは、感情を「評価によって生ずるもの」とする考え方です。「あらゆる対象について、それがよいものか悪いものかを評価したときに人間に生じる状態の総体（『感情心理学・入門』大平英樹編、有斐閣）」というふうに、感情を「評価」という思考活動の産物と見なすのです。

　たとえば、他人が自分の悪口を言っているのを耳にすれば、脳はそれを「攻撃」「脅威（害をなすもの）」などと評価し、マイナスの感情である「怒り」を生み出します（このとき、脳の興奮だけでなく、心拍数の増加など、身体の変化も生じます）。評価という思考活動の結果、脳のどこかの場所が刺激され、そこから脳内さらには身体へと波紋のように反応が広がっていく状態。それが「感情」と呼ばれる現象なのです。

　評価には、「○か×か」といった単純な「可否判断」もありますが、ヒトの場合、対象となる出来事の意味を「解釈する」という特別な能力を持っており、それも含めた幅広い思考活動として評価はなされます。「意味」は、特定の「信号」となって脳の特定の場所を刺激し、刺激された場所によって、私たちは特定の感情を感じることになります（右図参照）。怒り・悲しみ・嫉妬など、ヒトの感情が多種多様なのは、多様な意味を生み出す、高度な思考力（解釈力）のためなのです。

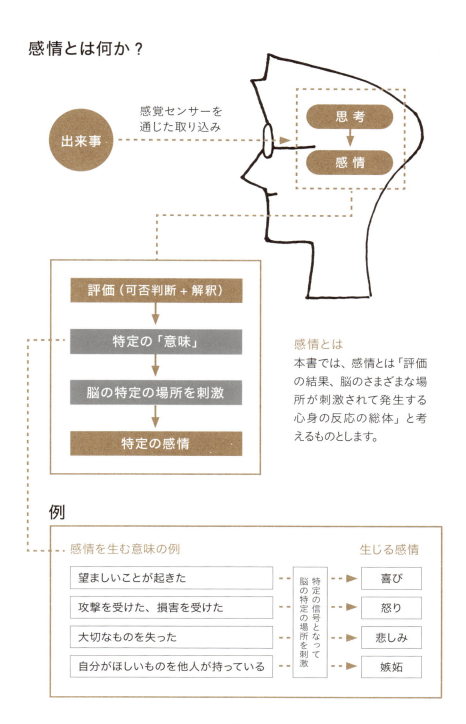

02 不安という感情

不安は、感情の中でも、ちょっと毛色が違うというか、特別な感情です。発生メカニズムの観点から、その違いを考えてみましょう。

「予測」からスタートする感情

　不安が「特別」なのは、それが「予測」から生まれる感情だからです。他の感情は、すでに起こった出来事に対する反応として生まれますが、不安の場合、将来の出来事を予測し、それが刺激となって生まれるという点で、まったく性質が異なっているのです。

　この「将来の出来事」は、脳の中で評価を受け、特定の「意味」を獲得することになりますが、その性質上、評価のあり方は普通の感情より複雑で、以下に示すように、段階的に実施されます。

　第１段階の評価は、出来事（予測内容）の有害・無害の判断です。不安は「負の感情」なので、もちろん「有害」であることが条件となります（出来事は「脅威」ということになります）。

　しかし、不安の場合、出来事はまだ未発生で、発生するかどうかを含めて変わる可能性があることから、評価はこれで完了とはなりません。防ぐ手立て（対策）がないかどうか、あるいは起こったとしても、影響を軽微に済ませる手立てがないかどうかといった、次なる段階の評価（「対処可能性の評価」と呼ぶことにします）が終わらないと、「脅威」であるかどうかを最終的に定めることはできないのです（もちろん、対策を考えるのをやめてしまえば、その時点で「完了」となります）。

　本書においては、前者の「有害性の評価」を１次評価、後者の「対処可能性の評価」を２次評価と名づけ、予測した出来事に関して、それぞれの結果が「有害である」「対策がない」であった場合に発生する感情を、「不安」と呼ぶことにしたいと思います（右図参照）。

不安の発生メカニズム

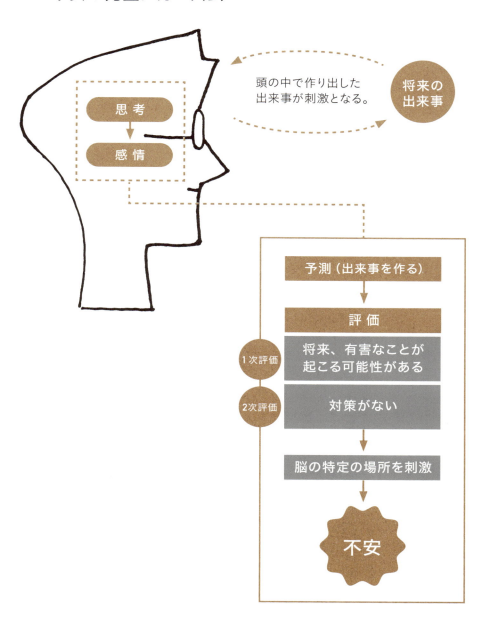

【参考】不安と危機感

不安について理解を深めていただくにあたり、頭の片隅に置いていただきたい言葉があります。それは「危機感」という言葉です。

危機感 〜 1 次評価の後の気持ち

　02で述べた1次評価（有害かどうかの判断）、2次評価（対処可能かどうかの判断）という考え方は、おそらく、多くの方にとって唐突だったと思います。通常、感情をそんなにややこしく定義しないからです。

　しかし、あえて2段階に分けたことには理由があります。不安は、思考ときわめて深く関わる感情なので、発生に至る思考過程を、きちんと定義に反映させることが望ましいと考えたためです。

　脳の性質上、思考は、1つひとつ、順を追ってしか進みません。したがって、不安が生まれるとき、脳は必ず「予測⇒有害性の評価⇒対処可能性の評価」という流れで思考をしています。つまり、一見すると同時に行われているように見えても、必ず2段階の評価をしているので、このことを定義に反映させているのです。

　しかし、よく考えてみると、1次評価と2次評価には必ず時差が存在しており、1次評価の終了時点で、私たちは何らかの「気持ち」を抱いている可能性があることに気づきます。将来の脅威を予測しているが、まだ「対策がない」という結論には至っていない時点における「気持ち」。不安に似てはいますが、微妙に異なるもののように思われます。

　表現の仕方は多様にあると思いますが、本書ではそれを「危機感」と呼びたいと思います。「会社の将来に危機感を抱く」のように、先々に有害なことが起こりそうな予測をしている点では共通しつつも、まだ不安には至っておらず、「何とかせねば！」という前向きな気持ちのほうが優位である心の状態です（右図参照）。

脳にとって不安は「想定外」?

かつて心理学者の戸田正直が提唱した「アージ理論」と呼ばれる学説があります。アージ（urge）とは、「人間や動物を行動へと否応なく駆り立てる力」といった意味ですが、感情こそ、まさにその「アージ」を生み出すものであると、戸田先生は考えました。

たとえば「恐怖」。野生環境下では、ヒトはいつ外敵の攻撃を受けるかわからず、何らかの予兆があった場合、何はともあれ素早く行動（逃げる）を起こす必要があります。この行動を促す力、すなわちアージを生み出すものが、「恐怖」という感情だというわけです。

さて、となれば、「不安」もまたアージの1つのはずなのですが、不安に悩む人の多くが、行動できず、思考の堂々めぐりに苦しんでいる現実を考えてみると、「あれ？」という気がしてきます。「行動へと否応なく駆り立てる力」というアージの一般論からは、明らかにずれているのです。

これは個人的な仮説ですが、そもそも脳がめざしていたのは、前述の「危機感」だったのではないでしょうか。「近いうちに食べ物が底をつくから狩りに行かないとまずいぞ！」のように、ヒトの生存支援を目的に、ヒトを動かすべくアラームを鳴らすこと。それだけが脳のやりたかったことであり、頭の中で堂々めぐりし、守るべき対象であるヒトを苦しめる不安という感情は、脳としては「想定外」だったのではないでしょうか。

なぜこの「想定外」が生じたかは、第2章で詳しく述べたいと思います。

危機感とは

1次評価

将来、有害なことが起こる可能性がある ⟹ 危機感（何とかせねば！）

03 不安の危険性 ❶

現在、多くの人が不安を抱え、悩んでいます。感情がいろいろある中で、なぜ不安はとくに危険な感情なのか、その理由を考えてみましょう。

不安は「繰り返す感情」である

　普通の感情、すなわち「すでに起こった出来事によって生まれる感情」は、通常、時間とともに消失する感情です。失恋すれば、誰だって「大切なものを失った」と思い、悲しみの感情を抱きますが、次第にそれは薄らぎ、やがて想い出の彼方に消えていきます（図A参照）。

　ところが、不安の場合は、ちょっと違います。原因となる「（将来の）出来事」は、そもそも本人の頭の中にしかない架空のものなので、現実にその出来事が発生する（もしくは発生しないことが明らかになる）までは、不安は、その人が頭の中で出来事を思い浮かべる都度、何度でも繰り返し生まれてくることになります。これは、一種の「波」のようなもので、日常生活にまぎれて薄らぐこともありますが、場合によっては、次第に大波となってその人を襲う可能性もあります（図B参照）。

　それでも、同じ不安でも、「有期限」であれば、まだ救いがあります。つまり、「いつその出来事が起こるか（終了するか）」が、あらかじめわかっている場合です。たとえば、文化祭で芝居をやることになり、うまくやれるかどうか不安に感じたとしても、文化祭の当日以降は引きずりようもないのですから、まだマシなのです（失敗した場合、それはそれで不安以外の感情が発生することになりますが）。

　問題は、いつ起きるかわからず、際限なく波が続くような状態になった場合です。来る日も来る日も、同じような不安が頭に浮かび、終わることがない。そうした「繰り返される不安」になってしまうと、その蓄積による心身へのダメージは、きわめて深刻なものとなってきます。

不安の反復性について

図A 一般的な負の感情（発生した出来事への反応として発生）

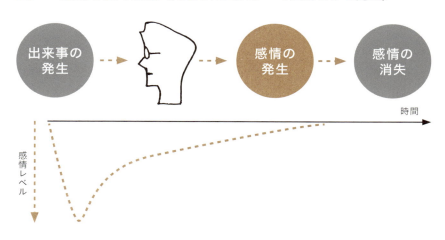

図B 不安（「将来の出来事」を予測するたびに発生）

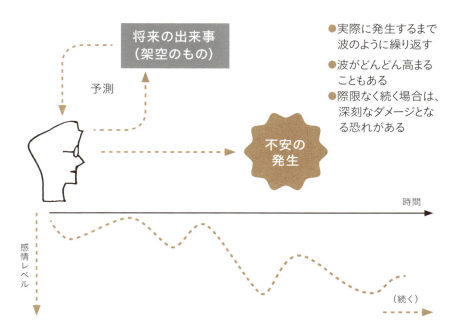

04 不安の危険性 ❷

不安は、際限なく繰り返される波となったとき、心身に甚大な悪影響を及ぼすものとなります。どんな悪影響なのかを見ていきましょう。

慢性化が心身に大きなダメージを与える

　右ページの概念図に示すように、ストレスというのは、何らかの刺激（ストレッサー）によって、それまでの平穏さが失われ、心身に「ひずみ」が生じた状態のことをいいます。このとき、心身にはさまざまな反応が生まれることになりますが、これがストレス反応と呼ばれるものです。

　感情（主にマイナスの感情）は、心理的な「急性ストレス反応」であると考えることができます。「電車を待つ列に割り込まれてカッとなった」といった、日々内面に生じるマイナス感情は、みな急性ストレス反応であり、私たちの心に生まれる、ちょっとした「ひずみ」なのです。

　ただ、03で述べたように、多くの感情は、生まれてはすぐに消えていくのが通常であるため、ひずみの持続時間はさほど長くはなく、すぐに元の平穏さを回復することができます。

　一方、「際限なく繰り返す可能性のある感情」である不安の場合、ちょっと事情は違います。長時間にわたって「ひずんだ状態」が続くために、心身へのダメージが大きくなり、元の平穏な状態に戻ることが、とても難しくなってしまうのです。そうなると、ストレス反応も、急性ではなく、「慢性ストレス反応」と呼ばれる、その人の人生全体に関わる、重大な事態へと移行する恐れが非常に高くなります（右ページの表からもわかるように、深刻な病気になってしまうこともあります）。

　将来の出来事を予測し、しかるべき準備を考えるという、ヒトにしかできない高度な思考が、ときにヒトの生存を脅かすものになってしまう。何だか、とても皮肉なことのように思われます。

不安がもたらす悪影響

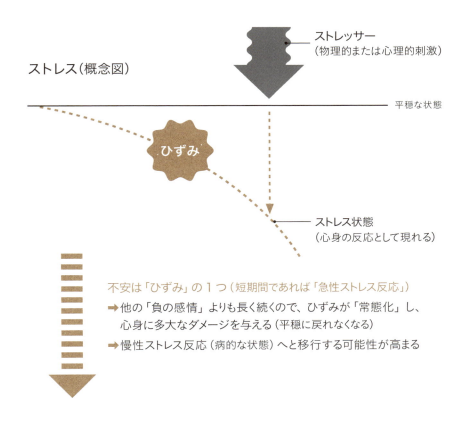

05 「不安にならない」とは（本書の趣旨）

本書のテーマは「不安にならない」です。ここでは、それがどんなことを意味しているのか、すこし解説しておきたいと思います。

「不健康な不安」に陥ることを阻止する！

　不安は、けっして楽しいものではありませんが、誰でも抱く感情であり、一過性である限り、そんなに大きな問題ではありません。

　問題なのは、反復し、心の中にどんどん蓄積されていくような「不健康な不安」です。04で示したように、それは心身の病を引き起こしかねない、きわめて厄介な代物だからです。

　本書においては、「不安にならない」とは、こうした「不健康な不安」に陥らないように努力することであり、以下に示す3つのテーマに取り組むことであると考えています（右図参照）。

　第1のテーマは、「将来の脅威（有害な出来事）」を乱造しないようにすることです。きちんと対処すべき脅威も、もちろんあります。しかし、単なる「思い込み」でしかない脅威が数多くあることも事実で、不健康な不安のリスクを下げるためには、これを最小化することが必要となります。

　第2のテーマは、対策を求め続ける（思考と行動のサイクルを回し続ける）ことによって、不安の手前の「危機感」でとどまるようにすることです。誰だって先々に「脅威」はあります。それを、自分を駆り立てる力（アージ）の源に変えることで、不安化を防ぐのです。

　第3のテーマは、仮に不安を抱いたとしても、できるだけ早く頭を切り替え、慢性化させないようにすることです。いわば「最後の砦（とりで）」となる努力であり、きわめて重要な意味を持っています。

　本書のテーマである「不安にならない練習」とは、上記に関わるものであり、その方法については、第4章以降で考察していきます。

「不安にならない」とは（3つの努力）

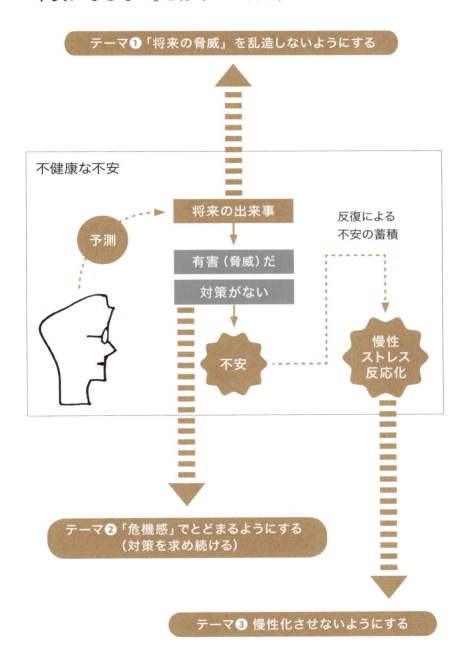

【参考】「病的な不安」について

　前ページで述べたように、本書は「不健康な不安」に陥ることを、できるだけ早い段階で、未然に防ぐことを目的とするものです。逆にいえば、あくまで「現時点では健康な状態にある人」を対象とするものであり、そうでない方、すでに「不健康」ないしは「病的」な状態にある方には、必ずしも適した内容にはなっていません。

　医療の世界では、「健康的な不安」と「病的な不安」は、下表のような基準で区別されています。もしあなたが、「病的な不安」の基準に多く該当するようであれば、すみやかに専門機関に相談することをお勧めします（多くが該当している場合は、いわゆる「不安障害」である可能性がありますので、要注意です）。

　また、不安自体は病的でない場合でも、それ以外のストレスと一緒になって蓄積されていくと、やはりP.25に示した「慢性ストレス反応」の症状に至ってしまう恐れがあります。問題がないか、常に自分の状況をモニタリングすることが大切です。

健康的な不安と病的な不安

健康的な不安	●不安の理由が自分で明確にわかっている ●不安の理由を他人にきちんと説明できる ●長く続かず、そのうちに忘れてしまう ●苦痛に感じても耐えることができる ●普通の日常生活を送ることができる
病的な不安	●不安の理由が自分で明確にわかっていない ●不安の理由を他人にきちんと説明できない ●長く続く（頭から離れない） ●苦痛が大きくて耐えられない ●普通の日常生活を送れない

準備編

第2章

ヒトが不安に悩まされる理由

脳の進化史の視点から

01 扁桃体について

不安の発生には扁桃体と呼ばれる脳の器官が重要な役割を果たしています。ここではその機能について説明します。

評価者であり、脅威発見センサーである

　ヒトに限らず、生き物は「評価」をして生きています。といっても、難しいことではありません。たとえば、いまいる場所が安全かどうかを判断することも、目の前の食べ物が好きか嫌いかを判定することも、いずれも評価であり、日常生活の中で、ごく普通に行っている作業なのです。

　この評価活動に、深く関わっているのが、扁桃体です。扁桃体は、側頭葉の内側の奥、記憶に関わる器官として有名な海馬のすぐそばにある、アーモンド（扁桃）形をした神経細胞の集まりであり、ヒトを含めた高等脊椎動物の脳に存在しています。

　扁桃体の基本的な機能は、対象となるモノやコトについて、ごく短時間に評価をすると同時に、その結果にもとづいて、しかるべきメッセージを、脳の他の部位（視床下部など）、さらには身体へと発していくことにあります。たとえば、目の前においしそうな食べ物が出てくれば、扁桃体は、「好き」という評価を瞬時に行い、脳の他の部位さらには身体へと発することになります（「喜び」という感情が生じたり、お腹がグーと鳴ったりするのは、その結果ということになります）。

　このように、「好き・嫌い」も含めた、さまざまな評価に関わる扁桃体ですが、その能力をフルに発揮するのは、対象が有害かどうか（脅威であるかどうか）の評価においてです。視覚や聴覚や嗅覚などから入ってきた情報の中に、生存を脅かす情報は含まれていないか。扁桃体は、常に目を光らせ、監視をしています。つまり、扁桃体は、脳の持ち主の生存を支える、「脅威発見センサー」というべき存在なのです。

扁桃体について

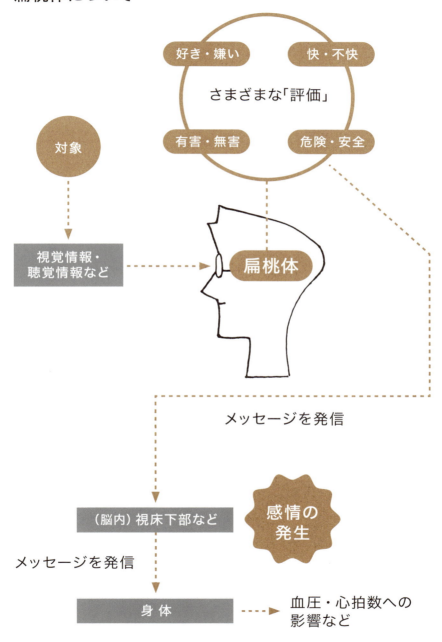

02 恐怖＝脅威対応の仕組み

ここでは、扁桃体が動物時代に作り上げた、脅威対応の仕組みについて説明します。これは不安の原型となるものです。

動物たちが作り上げた「超高速の反応回路」

　扁桃体は、ヒト以外の動物にも存在することからわかるように、脳の中では古い器官です。このことは、この器官が、ごく原始的な環境、すなわちすこしでも気を抜こうものなら、外敵に襲われ、命を失いかねない環境に適応して進化してきたことを意味します。

　そのため、脅威発見センサー・扁桃体は、脳や身体のさまざまな器官と協力して、ささいな出来事にも迅速に対応できる、「超高速の脅威対応プログラム」とでもいうべき仕組みを構築してきました。

　たとえば、脳の持ち主の目の前を、細長いものがニョロニョロと動いていることを、視覚センサーが感知したとします。

　その物体が何であるか、その時点で、脳の持ち主は理解できていないのですが、その正体が判明する前に、扁桃体は「危険！」という評価を下します。もちろん、それがヘビでなく、紐が風で動いていただけと後からわかるとか、早とちりもいくらでもあるのですが、そんな間違いなどすこしも気にせず、とにかく高速で対応する。扁桃体は、その方針をかたくなに守って評価をするのです。

　評価を下すや否や、扁桃体は、視床下部など脳内の他器官、さらには身体に向けて、これまたものすごい速度で、メッセージ（「脅威に対処すべく反応せよ！」という内容と思われます）を発します。

　そして、その結果、心拍数の増加や血圧の上昇など、「逃げる」という行動に向けた一連の準備が、身体の各所において急ピッチで進むことになります（右図参照）。

「恐怖」という感情の出現

　と、ここまでの話は、動物実験などで確認された事実なのですが、1つだけ、どうにも確認できないことがあります。それは、危険を感知したとき、動物の脳の中で生まれたであろう「気持ち」は、どういうものなのかという点です。なにしろ相手は動物。確認しようがないのです。

　したがって、これはあくまで仮説になってしまうのですが、動物たちの反応など、さまざまな観察データを総合すれば、そのとき動物たちが感じているのは、おそらく私たちが「恐怖」と呼んでいる感情と同じものだろうと思われます（実際、研究者たちも、ほとんど躊躇（ちゅうちょ）なくそう呼んでいます）。とすれば、先に述べた「脅威対応プログラム」とは、同時に、「恐怖」という感情（脳の持ち主の行動を促すアラームのようなもの）を発生させるプログラムなのだということになります。

　この動物時代に生まれた「脅威対応プログラム＝恐怖発生プログラム」が原型となって、「不安」という、より複雑度の高い感情を生み出す仕組みが、のちに生まれることになります。

動物の脅威対応プログラム

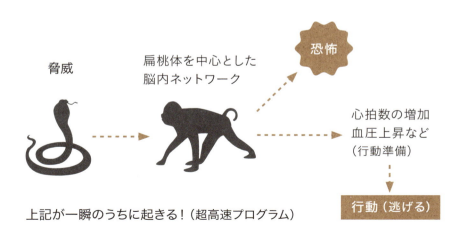

03 脳の進化と「予測力」の獲得

扁桃体とは別に、ヒトという種の出現に伴い、脳の中では、革命的な進化が生じていました。何が起きていたのでしょうか。

ヒトだけに可能な、新しい能力の出現

　ヒトという種の登場は、脳の世界に劇的な変化を生み出しました。ヒト以前の霊長類の脳も、それ以前の哺乳類と比較すれば、きわめて大きな進化を遂げていたのですが、それとは比較にならないほど大きな革命的進化が、ヒトの脳の中で起こったのです。

　その中でも、もっとも大きな進化を見せたのは、前頭葉（「人間らしい脳の部分」として知られています）の中の「前頭前野」と呼ばれる部位でした。脳の「最高中枢」と呼ばれ、計画や意思決定など、ヒト以外の動物では不可能な、高度な思考を担うことで知られている部位です。

　この前頭前野が実現した能力の1つが、推論力でした。さまざまな手がかりをもとに、目の前にないものについて考えるという、おおよそ動物では不可能な思考力を、ヒトは手にすることになりました。

　そして、これはまだ脳のどの部位が関わるのかよくわかっていませんが、「時間」の意識が生まれたのも、おそらくは、上記の進化に伴ってのことと考えられます（「目に見えないものを意識する」という、これまた動物にはありえない高度な知的機能を前提とするだけに、前頭前野の進化が関わっていないことは、まずありえないはずです）。

　推論力と時間意識の2つを手に入れることは、両者の合体物というべき1つの能力、すなわち「予測力」を手に入れることを意味していました。入手可能な情報（手がかり）と、経験を通じて知り得た因果法則をもとに、見えざる「将来の出来事」を推測する。ヒトは、この最高難度の知的作業すらできるようになったのです。

脳の進化でヒトだけが可能になったこと

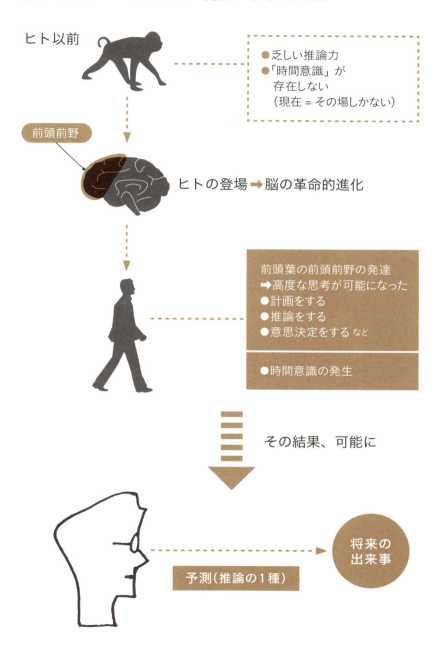

04 協業による新プログラムの誕生

前頭前野の進化を受け、扁桃体は、前頭前野に対してある提案をし、それは実現されることになりました。いったい何だったのでしょうか。

「一緒に将来の脅威に備えよう」と扁桃体は言った

　前頭前野の進化によって、予測という、とてつもなく高度な思考が可能になったとき、脳の奥深く、黙々と活動していた扁桃体は、その進化ぶりを見て、あることを思いつきました。それは目の前の脅威に対応するだけでなく、「将来の脅威をあらかじめ予測し、これに対して手を打つ」ことが可能ではないか、ということです。

　そこで早速、扁桃体は、前頭前野に呼びかけました。「君のその予測力を持って、ぜひとも脅威発見センサーである自分の役割遂行に協力してほしい」と（あくまで想像です）。

　若輩者の前頭前野としては、古参社員の扁桃体からの協力依頼を拒否できるはずもありません。二つ返事で「わかりました」と返答し、その結果として、右ページに示すような、「将来の脅威への対応プログラム」とでも呼ぶべきものが誕生することとなりました。

　まず前頭前野が、さまざまな情報をもとに、将来の出来事を予測します。この予測の結果は、ただちに扁桃体にも共有され、両者が協力して有害かどうか、つまり脅威か否かの評価作業が行われます。

　そして、「脅威である」との評価になれば、扁桃体は自己の役割である「アラームの発信（この段階では「危機感」の発信）」を行い、これに呼応する形で、前頭前野は、脅威を打ち消すための対策を考え、実行するという、次なる作業に入っていくことになります。

　脳の持ち主が、将来の脅威を認識し、これに対して前向きに備えるよう仕向けるという、高度なプログラムがここに完成したのです。

「将来の脅威への対応プログラム」の誕生

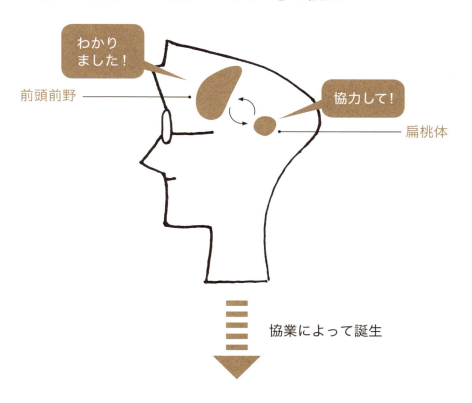

協業によって誕生

将来の脅威への対応プログラム

05 協業が抱えていた「危うさ」

協業を始めた扁桃体と前頭前野。活動は順調にスタートしたものの、一方では危うさも抱えていました。

平常モード：前頭前野主導での対応

　協業を始めるにあたり、もっとも懸念されたのは、両者の性格の違いでした。同じ脳部位とはいえ、生まれも育ちも違う両者。その活動方針はまったく異なっており、協業がうまくいく保証はなかったのです。

　扁桃体は、いわば警戒心の塊。小さな脅威も見逃すまいと、いつもピリピリしており、何かあると、すぐに激高します。これに対し、前頭前野は、さすがは脳の最高中枢と呼ばれるだけあって、常に理性的に考えるクールさを持ち味としていました。要するに、まったく正反対の方向性で活動する両者だったのです。

　それでも協業は、それなりにうまくいきました。

　うまくいったのは、両者の関係がそれなりに円満で、扁桃体が前頭前野の方針に従う態度を見せたからです（扁桃体としては、能力を買っての前頭前野との協業なので、当然といえば当然なのですが）。

　その結果登場した、前頭前野の方針にもとづくプログラムのあり方が、本書において「平常モード」と呼ぶものです（右図参照）。

　「必要に応じて予測や評価や対処をする（必要がなければしない）」「適切な対策がなければ頭を切り替える」といった、徹底した理性主義。脳の持ち主にムダな負荷を強いることのないこのプログラムを採用することで、協業は順調にスタートすることができたのです（いま、多くの人々が、病的な不安にとりつかれることもなく、平穏に日々を過ごせているのは、前頭前野の理性に支えられた、この「平常モード」によって、日常生活が運営されているためと考えられます）。

機能不全に陥るリスクを内在していた

しかし、「危うさ」が払拭されたわけでありませんでした。プログラムが成功と呼ばれるには、安定的に正確に作動する必要がありますが、それを阻害しかねない、2つのリスクが存在していたからです。

第1のリスクは、扁桃体の性格の問題です。前頭前野に表面的には権限を譲っても、性格自体があらたまったわけでなく、いつ自己主張を始めるかわかりませんでした。もし、前頭前野の方針に異を唱えるようなことがあれば、大きな混乱が生まれるのは必至でした。

第2のリスクは、前頭前野の機能性の問題です。プログラムの主要部分を担う前頭前野でしたが、高度であるがゆえに繊細で、外部からの刺激によって簡単に誤作動を起こしてしまう「脆弱さ」を抱えていました。つまり、かなり機能的に不安定であり、これまた大混乱を生む危険性を秘める脳部位だったのです。

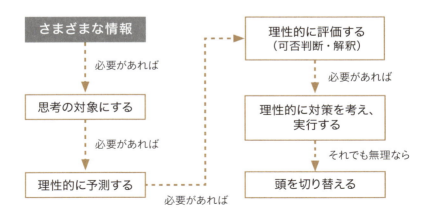

平常モード（前頭前野が理性的に主導している状態）

06 「過剰警戒モード」の発生

扁桃体と前頭前野が抱えていたリスク。それが顕在化するとき、プログラムは機能不全に陥ってしまうことになりました。

扁桃体の影響で前頭前野が「非理性化」

　懸念されていた事態は、ほどなく現実のものとなりました。
　事態を誘発するのは、扁桃体です。おとなしくしていたのは、とりあえず平静であったから。何らかの出来事（右図参照）によって刺激を受け、過度に興奮してしまうと、もう止まりません。前頭前野に対して、「もっと警戒しろ！」など、いかにも扁桃体らしい要求をするようになります（05で示した「第1のリスク」の現実化です）。
　この要求に大慌てなのが前頭前野です。何といっても、相手は脳ワールドの大先輩。その相手から強く言われては、動揺せざるを得ず、その機能に変調をきたし、誤作動を起こすようになります（つまり、前頭前野の脆弱さが引き起こす「第2のリスク」の現実化です）。
　「理性の座」である前頭前野の誤作動とは、理性が後退し、強い警戒心を持つ扁桃体の強い影響のもと、「ネガティブな非理性的思考」が、次々に展開されることを意味していました。
　「予測」の段階では、最悪の出来事をむやみに想像するといったことが、また「評価」の段階では、何でもかんでも「これは有害！」の烙印を押すといったことが起き始めます。また、適切な対策を考えることも、あるいは必要に応じて頭を切り替えることも、この状況下においては、どんどん難しいことになっていきます。
　協業によって生まれたプログラムにおいて、理性的な「平常モード」から、非理性的な「過剰警戒モード」とでも呼ぶしかない状態へと移行するという事態が、しばしば起こるようになったのです（右図参照）。

「将来の脅威への対応プログラム」のモード移行

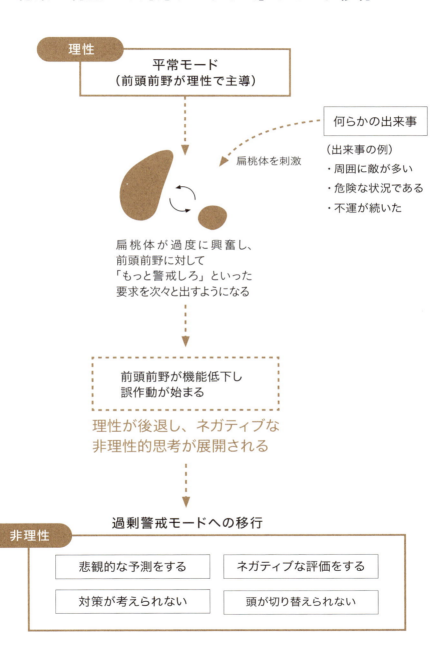

07 「不健康な不安」の始まり ❶

扁桃体の過度の興奮で始まる過剰警戒モード化。それは、人々の内面において、不安の量産体制が生まれることを意味していました。

平常モードでも不安は生まれる

　「過剰警戒モード」は、理性的思考がダウンした状態であり、問題解決能力の低下など、さまざまな悪影響をもたらすものとなります。なかでも、もっとも重大な悪影響は、私たちがいま「不安」と呼んでいる感情を、より深刻なものに変えてしまう点にありました。

　ここで断っておきたいのは、「不安」という感情自体は、「将来の脅威への対応プログラム」とあらかじめセットになっており、仮に平常モードであっても、いくらでも発生する可能性があるということです。

　「将来の脅威」が予測されるとき、どんなに理性的に考えても、「対策が見つからない！」という事態は、当然起こってきます。そのとき、私たちの内面には、ある種の「不快さ」が生じることになりますが、第1章の02で示した「不安の定義」を踏まえれば、その「不快さ」はもう立派に不安としての要件を満たすものとなります。つまり、プログラムが成立した時点で、不安という感情の発生は、ほぼ必然だったのです。

　しかし、平常モードが維持される限りは、仮に不安が発生した場合でも、あまり深刻な問題ではありません。理性的な思考によって、予測や評価の内容を変えるとか、幅広く対策を考えるとか、それでも無理なら頭を切り替えるとか、さまざまな手立てによって、不安を解消（ないしは軽減）することが可能だからです。不安があっても、さほどダメージを負うことがないよう、もともとは設計されていたのです。

　しかし、このことは、逆にいえば、平常モードが破綻すれば、不安が一気に深刻な問題に変化する恐れがあることを意味してもいました。

モード移行で不安が次々に発生！

　過剰警戒モードは、まさに平常モードの破綻であり、ヒトの脳内において、不安を深刻な問題に変えてしまうものでした。

　過剰警戒モードになると、前頭前野の誤作動によって、「ネガティブな非理性的思考」が始まり、不安のタネとなる「対処できそうにない将来の脅威」が次々に発生するようになります。いうなれば「不安量産体制」が脳の中にできてしまうのです。

【不安量産の流れ】

❶誤作動を起こした前頭前野は、悲観的な予測などの結果、「対処できそうにない将来の脅威」をどんどん生み出す（量産する）

❷結果は、扁桃体に報告され、扁桃体を次々に刺激する

❸刺激の内容は、第1章で示した「不安の定義（1次評価と2次評価）」を満たすものであり、脳内に不安が次々に生まれるようになる

誤作動による不安の量産

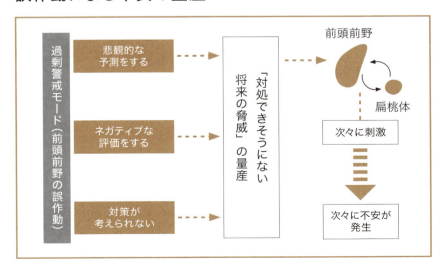

08 「不健康な不安」の始まり ❷

過剰警戒モードの怖さは、不安量産体制を生み出すことにとどまりません。その真の怖さは、それが「終わりにくい」ことにありました。

「なだめ役」が「あおり役」になる！

　扁桃体の興奮が収まり、すぐに過剰警戒モードが解消されるならば、不安によるダメージは比較的小さなものにとどまるはずです。しかし、現実は必ずしもそうはなりませんでした。過剰警戒モードが容易に終わらないメカニズムが、脳内に存在していたからです。

　脳内では、先輩である扁桃体のパワーが強いのは確かですが、後輩の前頭前野は、その支配下にあるわけではありません。むしろ、平常モードにおいては、前頭前野のほうが優位な立場にあります。

　平常モードにおいて、前頭前野が果たしているのは、扁桃体の興奮を防ぐ「ブレーキ役」、興奮を鎮める「なだめ役」です。気に入らないことがあるからといって、いちいち感情的になっていては、社会生活をうまく営んでいけません。前頭前野は、理性的な思考によって、見えないところで、扁桃体をうまくコントロールしてくれているのです。

　ところが、過剰警戒モードは、この状況を一変させます。理性的思考が難しくなり、前頭前野は、「ブレーキ役」としての機能を果たせなくなります。それどころか、扁桃体に対して、ありもしない脅威までどんどん供給する「あおり役」へと、その機能を変えてしまうのです。

　それは、興奮が次なる興奮を促すという、歯止めなき「負のサイクル」が回り出すことを意味していました（右図参照）。こうなると、過剰警戒モードがいつ終わるか、もう誰にもわかりません。まさに、第1章において述べた、心身に大きなダメージを与える、「不健康な不安」の状態に突入し、抜け出せなくなってしまうのです。

終わりのない「負のサイクル」とは

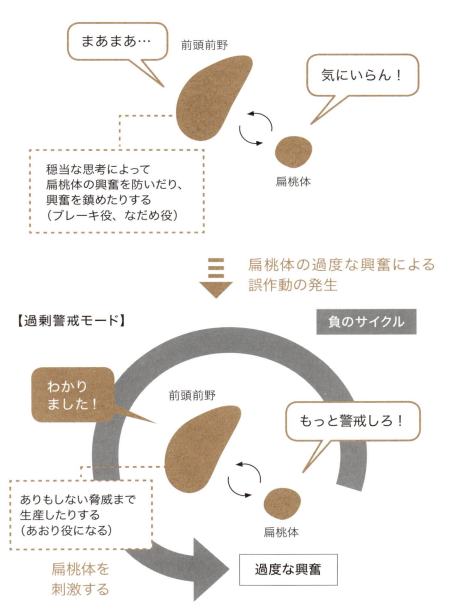

Column ヘビ専用の細胞が存在する!?

　扁桃体の機能に関する実験には、しばしばサルが使われますが、これに関連したお話です。

　いちばん有名な実験は、サルの扁桃体を損傷させると、どうなるかというもの。サルにとっては、気の毒な実験ではありますが、これまでの実験結果からは、損傷を受けると、サルが恐怖をまったく感じなくなることがわかっています。実験後、サルたちは、ヘビのおもちゃに平気でさわったり、普通ならば緊張して暴れるような場面でも、そうした行動をしなかったそうです。

　一方、2013年に発表されたアメリカの研究チームの報告書は、以下のようなことを伝えています。

　研究チームが、2匹の若いサルの大脳の視床枕(ししょうちん)と呼ばれる部分に微小電極を埋め込み、ヘビ、顔や手、幾何学模様などのイメージを見せる実験をしたところ、ある特定の神経細胞が、ヘビのイメージを見た際に、他のイメージよりも、明らかに早く、また強い反応を示したそうです。視床枕という部分は、視覚による注意喚起に関わる場所とされており、実験チームは「サルの脳には、最初からヘビを脅威として認識し、反応する神経細胞が存在する」と結論づけています。

　脅威への対応は、扁桃体が中心であることは確かですが、脳の中において、こうした「特別な能力を持った神経細胞たち」とネットワークを形成しながら、私たちの先祖は、超高速の「脅威対応プログラム」を作り上げてきたのだと考えられます。

準備編

第3章

「脳のバグ」を理解する

「不安にならない練習」に向けて

01 焦点は「前頭前野の欠陥」

本書では、「不健康な不安」を予防するための最大の手がかりは、「前頭前野の欠陥」にあると考えています。その理由を説明します。

課題は「モードの移行」を防ぐこと

　前章において、平常モードから過剰警戒モードへの移行が、「不健康な不安」を生み出すことを述べました。

　このことは、逆にいえば、こうした「モードの移行」が起こらないようにすれば、「不健康な不安」に陥らずに済むことを意味しています。つまり、本書のテーマである「不安にならない練習」への道筋が、ここにおいてチラリと見えてきたわけです。

　さて、ではどのような努力（練習）をすれば、「モードの移行」という現象を起こさずに済むのでしょうか。

　その手がかりは、前章（05）で示した「2つのリスク」にあると思われます。それらは「モード移行の引き金」となるものであり、その内実がわかり、顕在化を防ぐ手立てを見出すことができれば、モード移行を防ぐことも不可能ではないと考えられるのです。

　「2つのリスク」について復習しておきましょう。

　1つめのリスクは、扁桃体の性格（性質）です。脅威発見センサーであり、強い警戒心を持っているがゆえに、どうしても興奮しやすく、モード移行を引き起こす原因となります。

　2つめのリスクは、前頭前野の脆弱さ、わかりやすくいえば「欠陥」の問題です。前頭前野は、高度であるがゆえに繊細で、扁桃体の興奮によって簡単に誤作動を起こしてしまいます。この誤作動が、過剰警戒モードへの移行、さらには「不健康な不安」を生み出す原因であることは、前章において述べた通りです。

「処理プログラムの欠陥」を明らかにする

「2つのリスク」は、ともに顕在化させないほうがいいに決まっているのですが、モード移行にあたって、果たす役割も、顕在化するメカニズムも大きく違うため、両者を同列に論じることはできません。

本書がより重要であると考え、ここでその詳細な検討を試みるのは、後者のリスク、すなわち「前頭前野の欠陥」のほうです。

確かに、モード移行の「きっかけ」を作るのは扁桃体のほうです。しかし、扁桃体が興奮するのは、いわば「基本業務」みたいなものであり、そのこと自体をとやかく言っても、あまり意味がありません。本質的な解決策を見出そうとするならば、誤作動（理性から非理性へのシフト）が起きる場所である前頭前野に目を向け、その欠陥問題に切り込むことが、まずは必要なのです。

この「前頭前野の欠陥」ですが、本書では、それは「前頭前野に存在する処理プログラム（予測をしたり対策を考えたりするプログラム）の欠陥」であるととらえ、その観点から考察を進めていきます。コンピュータと同様、ヒトの脳も一種の処理プログラムによって思考活動を行っており、その欠陥ゆえに、誤作動は起こる。そう考えることで、その内実を明らかにしていこうというわけです。

もちろん、モード移行の「きっかけ」を作るものとして、扁桃体の問題も重要であり、そのリスクに対してどう向きあうかについても、後ほど（とくに第8章において）検討しますが、「不健康な不安」という問題を考えるにあたっての最優先テーマとして、まずはこの「前頭前野の欠陥」、言い換えれば「処理プログラムの欠陥」について、すこし踏み込んで考察をしてみたいと思います。

02 欠陥＝バグ群と考える

01 に記した趣旨に従って、ここからは「前頭前野の欠陥（処理プログラムの欠陥）」について、詳細な検討を試みたいと思います。

5つの思考段階で出現するバグ（群）

「前頭前野の処理プログラムの欠陥」とは、コンピュータでいう「バグ」のようなものだと考えると、わかりやすいかもしれません（コンピュータならば、バグもまたプログラミング言語で表現されるものであり、それなりに「実体」はありますが、脳内現象ゆえ、まったく実体はありません。1つの「たとえ」として理解してください）。

このバグの特徴は、扁桃体の興奮を受け、前頭前野の機能が弱まったときに出現するという点です。そして出現すると、平常モードから過剰警戒モードへの移行という、悪しき事態を引き起こすこととなります（このモードに入ると、扁桃体の影響下、物事を過度にネガティブな方向に考えるという思考傾向が発生します）。

さらにもう1つの特徴があります。それは、バグは1つではなく、複数の「バグ群」として存在しているということです。

前頭前野の処理プログラムは、複数の思考（処理）段階から成り立っています。思考段階が違えば、脳が使用する処理プログラムも別物となるので、出現するバグも異なるものとなります。思考段階には、右ページに示す❶〜❺の5段階が想定されるので、これに対応する形で、バグも複数の種類が存在することになります（段階の分け方は、あくまで本書の仮説であり、他の考え方もあると思います）。

この多段階的に出現するバグ（群）こそ、過剰警戒モードへの移行を生む「処理プログラムの欠陥」であり、「不健康な不安」を引き起こす原因となるものだと考えることができます。

欠陥とは「バグ」である

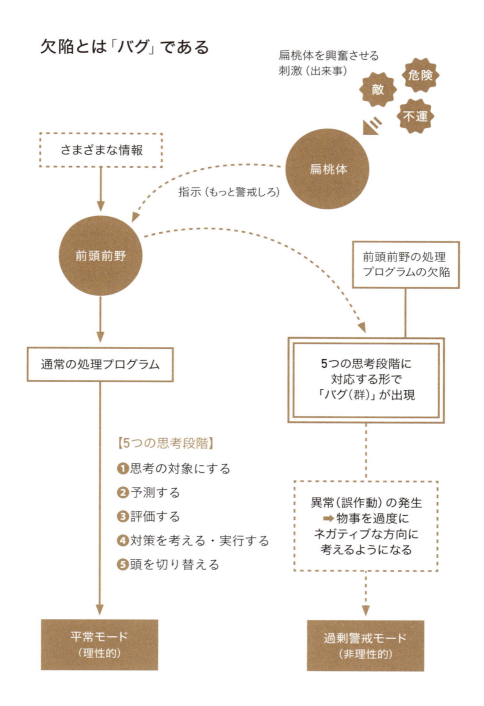

03 バグの内容 ❶

02で、モード移行を引き起こし、「不健康な不安」を生むものが、多段階的に出現するバグ(群)であることを示しました。ここでは、思考段階ごとのバグの性質について考察します。

各段階のバグの作用を知る

　バグには実体がなく、その性質の説明といっても難しいのですが、それが及ぼす作用(どんな思考傾向を生み出すか)ということであれば、明確に説明することができます。
　まず最初の「思考の対象にする」の段階では、過敏になり、何でも気にする(思考の対象とする)という傾向が生じます。気にすれば、必然的に予測も増え、先々の脅威も増えることになります(バグ❶)。
　「予測する」の段階では、何でも悲観的に予測してしまうという傾向が生じます。ありえない最悪の事態を想定する、限りなく可能性の低い事態を「必ず起こる」と考えるなど、必要以上に自分を苦しめる予測をどんどんするようになります(バグ❷)。
　「評価する」の段階では、出来事を何でも「有害なもの」として評価するという傾向が生じます。実際、どんなことでもマイナス面はあるので、「将来の脅威」が乱造されることになります(バグ❸)。
　「対策を考える・実行する」の段階では、みずから対策の幅を狭くしてしまったり、対策の実行に否定的になったりする傾向が生じます。脅威に対して自分で自分を無力な存在にしてしまうのです(バグ❹)。
　そして最後の「頭を切り替える」の段階では、対策がなく、あきらめる以外に道がないという場合でも、頭から不安が取り除けないという傾向が生じます。どうにもならないとわかりながら、いつまでも自分を苦しめるだけの思考に固執してしまうのです(バグ❺)。

思考の5段階におけるバグの作用

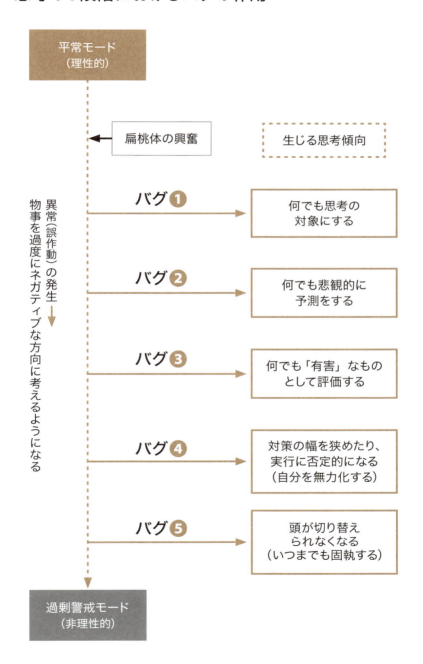

04 バグの内容 ❷

バグは、さらに細分化すると、**5段階・7種類**となります。これらこそ、「処理プログラムの欠陥」であり、「不健康な不安」を防ぐために、対処（解消）すべきものということになります。

※ P.56からの「コラム」も併せてお読みください。

解消すべきは「5段階・7種類のバグ」

　バグは、5つの思考段階で出現するため、基本的には5種類ですが、より詳しく見ていくと、「評価する」には可否判断と解釈があり、「対策を考える・実行する」にも、「対策を考える」と「対策の実行を決める」の2つの思考過程があると考えられることから、全部で7種類のバグが存在すると考えることができます。

　これらのバグには、それぞれが生み出す思考傾向を反映させる形で、以下のような名称をつけるものとします（下記参照）。

- 思考の対象にする➡過敏化バグ
- 予測する➡悲観化バグ
- 評価する➡有害化バグ（可否判断と解釈）
- 対策を考える・実行する➡無力化バグ（思考と行動）
- 頭を切り替える➡固執化バグ

　右ページの表は、上記の考え方をまとめたものですが、この「5段階・7種類のバグ」が、平常モードを過剰警戒モードに移行させ、「不健康な不安」を生む原因ということになります。

　次章以降、この仮説を踏まえて、「バグを解消する練習」、すなわち本書のテーマである「不安にならない（不健康な不安に陥らない）練習」に関する考察に入っていきます。

5段階・7種類のバグの名称と性質

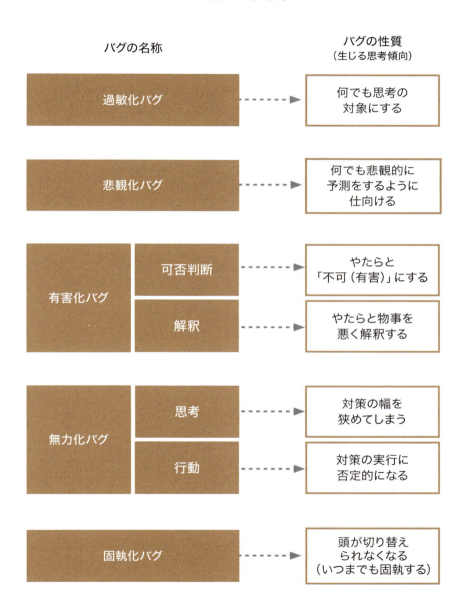

※ 次ページからの「コラム」も併せてお読みください。

Column バグを捜査官キャラにしてみました！

　5段階・7種類のバグたちは、「将来の脅威」に対する警備業務を担う、脳内の捜査官のようなものです。平時は前頭前野の奥深くに潜んでいるものの、影のボスである扁桃体の指令を受けると、急に表に出てきて、侵入者（新たな情報）に対し、厳しい取り締まりを開始する。そのあまりの強硬さが、ときに脳の持ち主を苦しめたりするのですが、そんなことは微塵も意識しない、強面の捜査官たち……。

　――といったことはさておき、これらのバグたちは本書のカギとなる考え方なので、よりわかりやすくなるようにと、捜査官キャラにしてみました。バグの内容のより詳しい説明にもなっているので、目を通してみてください（第4章以下でも登場します）。

何でも気にしろ！

バグ・プロファイル ❶

過敏化バグ

あれもこれもと気にする、
用心深い捜査官・CHECKER

異常に警戒心が強い、言い換えれば小心者の捜査官である。隣人の話にひそかに耳を傾けるなど、諜報活動にとりわけ熱心で、情報を仕入れては、「この先どうなるかを考えろ」と、前頭前野にうっとうしい要求をする。

「悪いほうに ばかり考えろ!」

バグ・プロファイル❷
悲観化バグ

先々のことを、悪いほうにばかり
予測するネクラ捜査官・PESSIMIST

ある意味、想像力豊かな捜査官であるが、何でもマイナス方向で想像してしまう点が玉に傷。1%の可能性しかないことも「きっとそうなる」と考えてみたり、起こりそうもない「最悪の事態」を頭の中でシミュレーションしてみるなど、最強の「負の思考者」である。

「あれもこれもよくない!」
「有害だと解釈する!」

バグ・プロファイル❸❹
有害化バグ

物事の悪いほうしか見ようとしない、
決めつけ捜査官・JUDGE
（可否判断と解釈の双子の捜査官である）

□可否判断　相手に高水準の要求を押しつけ、それを下回ると「不可（有害）」の烙印を押す、身勝手で厳しい捜査官。
□解釈　物事のマイナス面を見つけ出す、天性の嗅覚を持った捜査官。火のないところにも、どんどん煙を立てていく。

バグ・プロファイル ❺❻

無力化バグ

いろいろ理由をつけて、対策に乗り出さない
後ろ向き捜査官・STOPPER
（思考と行動の双子の捜査官である）

対策など存在しない！

うかつに動くな！

□思考　出てくる対策アイデアに次々にダメ出しをする、会議の席上のネガティブ上司のような捜査官。
□行動　対策が決まっても、「慎重には慎重を期す」など、適当なことを言って実行を否定する、小役人のような捜査官。

バグ・プロファイル ❼

固執化バグ

気持ちの切り替えを認めてくれない、
ねちっこい捜査官・CHASER

忘れることは許さん！

打ち手がなく、脅威のことを忘れようとしている前頭前野に対し、「そうはいかん！」と、厳しい通告をすることを任務としている。「オレが最後の防波堤なのさ」と本人は思っているが、その踏ん張りが周囲を苦しめていることに気づかない、とても残念なKY捜査官。

準備編

第4章

「練習」の全体像を理解する

01 「不安にならない」の再定義

「不安にならない練習」の全体像を解説するにあたり、まずは、前章のバグ（群）に関する考察をもとに、「不安にならない（不健康な不安に陥らない）」の意味を再定義してみたいと思います。

「不安にならない＝バグの解消」である

　第1章において、本書における「不安にならない」は、3つのテーマから構成されることを説明しました。ちょっと復習しておきましょう。

　1つめは、「将来の脅威」を乱造しないようにすること。2つめは、仮に先々の脅威があったとしても、不安に陥るのではなく、前向きに対策を求め続けることで、「危機感」でとどまるようにすること。そして3つめは、仮に不安を抱いたとしても、できるだけ早く手放し、慢性化させないようにすること。この3つのテーマでした。

　さて、この3つの「不安にならない」ですが、第3章の考察を経たいま、あらためて考えてみると、実は「7種類のバグ」を解消することと、ほぼイコールであることに気づきます（右図参照）。

　過敏化・悲観化・有害化のバグを解消するとは、要するに、「予測」や「評価」をできる限り理性的に行い、何でもかんでも脅威にしないようにするということです。これはまさにテーマ❶です。

　無力化バグを解消するとは、「対策がない」と泣きごとを言うのではなく、「対策を考え、実行する」のサイクルをひたすら回し続けることを意味します。これは、危機感を危機感のままに保つことで、不安の発生を阻止するという、テーマ❷に相当します。

　そして、固執化バグを解消するとは、解決策がないならないで、いつまでもその問題に固執せず、さっさと頭を切り替えることを意味します。つまり、不安を慢性化させないことであり、テーマ❸に相当します。

「不安にならない」を再定義する

目標：不安にならない（「不健康な不安」に陥らない）

テーマ❶ 「将来の脅威」を乱造しないようにする

右のバグを解消する
- 過敏化バグ
- 悲観化バグ
- 有害化バグ（可否判断）
- 有害化バグ（解釈）

テーマ❷ 「危機感」でとどまるようにする（対策を求め続ける）

右のバグを解消する
- 無力化バグ（思考）
- 無力化バグ（行動）

テーマ❸ 慢性化させないようにする（頭を切り替える）

右のバグを解消する
- 固執化バグ

02 バグ解消への3つの練習

01の考察を踏まえると、本書のテーマである「不安にならない練習」とは、「バグを解消する練習」であるということになります。それは、いかなる練習なのでしょうか。本書では、以下の3つをもって、「バグを解消する練習」と考えたいと思います（詳細は 03 〜 05 に記載）。

練習❶：診断テストで自分を知る（第 5 章）

　解消の練習というより、その準備というほうが適切かと思いますが、自分の「バグの発生傾向」を自覚することは、とても大切なことです。発生傾向には個人差があり、人ごとに解消方法も違ってくるからです。

　そこで、本書では、他の練習に先だって、バグの発生傾向を知るための自己診断テストを実施します。ここで、自分を苦しめているものの正体を把握したうえで、次のステップへと進んでいくことになります。

練習❷：前頭前野を鍛える（第 6 章〜 7 章）

　診断を終えたら、「バグ解消の練習」の本番となります。

　その中心となるのが、本書のメイン・イベントともいうべき「前頭前野のトレーニング」です。前頭前野を鍛え、処理プログラムを再構築することで、バグができるだけ発生しないようにするのです。

　——といってはみたものの、話はそう簡単ではありません。何しろ脳内のことですし、プログラムとかバグという表現も、「たとえ」でいっているに過ぎず、実体があるわけではありません。「鍛える」とか「再構築する」といっても、まるで雲をつかむような話なのです。

　その方法は、04 において詳述しますが、ともあれまずは「前頭前野を鍛える」から始める。そのことを頭にインプットしてください。

練習❸：扁桃体を穏やかにする（第8章）

　前章でも述べたように、扁桃体は、過剰警戒モードを生む「きっかけ」を作るものであり、モード移行（バグ発生）のリスクを低下させようとするならば、これに対する働きかけは欠かせません。

　ここでの練習とは、この「働きかけ」の方法を学習することです。扁桃体に対して、あまり興奮しないよう、できるだけ穏やかな性格でいてくれるよう、適切な働きかけをする。その方法を学ぶのです。

　どんなに前頭前野を鍛えても、扁桃体が過剰に「もっと警戒しろ！」と干渉してくるような状況では、バグの発生を抑えることは、きわめて困難です。前頭前野の強化と、扁桃体の性格の温和化が、車の両輪として進行しないと、バグ解消はうまくいかないのです。

　古い器官である扁桃体は、基本的に性質は変わりにくいのですが、それでも変化の可能性がないわけではありません。適切な働きかけをすることで、その性質を穏やかなものに変えることはできると考えています。

バグ解消への3つの練習

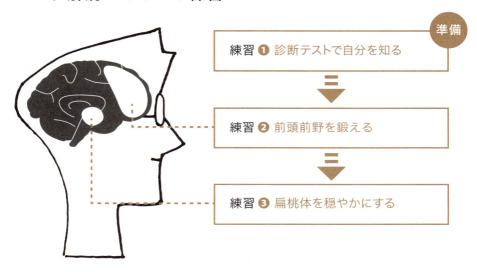

03-❶ 診断テストで自分を知る

ここでは練習❶、すなわち「診断テストで自分を知る」の考え方・内容について説明します（本書の第5章の説明となります）。

「バグの発生傾向」には個人差がある

　前述のように、不安は、前頭前野の処理プログラムが、さまざまな種類のバグたちの影響で誤作動を開始し、「過剰警戒モード」へと移行することによって発生します。

　これらのバグは、基本的にはすべての人の脳内に潜んでいますが、その傾向には、さまざまな面で個人差があります。

　まず、発生しやすさが違います。扁桃体がかなり強く興奮しないと発生しない人もいれば、軽度の興奮で発生させてしまう人もいます（そういう人の場合は発生した状態が通常ともいえます）。

　また、発生するバグの種類にも違いがあります。同じレベルの扁桃体の興奮で、たくさんの種類のバグを発生させてしまう人もいれば、ごく少数のバグだけを発生させてしまう人もいます。もちろん、種類が多くなるほど、不安になりやすいことは言うまでもありません。

　また、バグが発生したときの「強度」にも大きな個人差があります。同じ「悲観的」でも、普通よりちょっと悲観的になっているというレベルもあれば、どう考えてもありえないレベルの「悲観的予測」をして、自分を苦しめてしまう人もいます（後者はかなり深刻な状況です）。

　第5章においては、自己診断テストを実施しますが、これは、上記のような観点から、あなたの現状の「バグの発生傾向」を知るためのものです。何ごとも、現状を知らずに「対策（打ち手）」を考えることはできません。まずは、診断テストという「見える化装置」を使い、自分の現状をきちんと理解することから始める必要があると考えています。

「日常の言動や心の動き」から推測する

　さて、「バグの発生傾向を知る」と簡単に言ってみたものの、そもそもバグは仮想のものですし、目に見えないものです。どうすれば、その発生傾向を把握することができるのでしょうか。

　本書の診断テストが前提とするのは、モードの全面的な移行を生むほどでない「単発的なバグ」であれば、誰もが日常生活の中で頻繁に発生させている、という考え方です。

　たとえば、他人の何気ない言葉にムッとするとき、瞬間的ではありますが、「有害化バグ（解釈）」が発生していると見なすことができます。あるいは、過去の嫌な思い出が頭に浮かび、なかなか消せないとき、脳内には「固執化バグ」が生まれていると考えることができます。もちろん個人差はありますが、こうした軽微なバグであれば、それこそ四六時中、心の中で発生しては消えているのです。

　このことから言えるのは、ある人物の日常の言動、心の動きを調べていけば、どんな種類のバグが発生しやすいかがわかるだろうということです。嫌な記憶が頭から離れないことが、日常的によく起こり、かつそれが長時間続く場合、その人物は、「固執化バグ」の発生可能性が高く、かつその強度の強い人物であろうと推測されるのです。

　第5章の診断テストは、日常生活の中における、あなたの言動や心の動きについて問う質問から構成されており、回答結果を集計することで、7種類のバグの発生傾向がわかるようになっています。「言動」や「心の動き」の特徴は、一般に「性格」と呼ばれるものと近似するので、その意味では、「性格を知ればバグ傾向がわかる」のだともいえます。

03-❷ 前頭前野を鍛える

ここでは、練習❷の「前頭前野を鍛える」について、その考え方・内容を説明します（第6章・第7章の説明となります）。

「バグを抑え込む思考」を徹底学習する

　前述のように、「前頭前野を鍛え、処理プログラムを再構築する」といっても、雲をつかむような話なのですが、ここでは、以下の2方向での思考練習をもって、「鍛える」ということにしたいと思います。

　1つめは、バグを発生させない思考練習です。「悲観化バグ」を例にとれば、もともと「マイナスの思い込み（例：自分は何をやってもうまくいかない）」が多ければ多いほど、バグは発生しやすくなります。逆にいえば、それを減らすための思考練習、つまり「マイナスの思い込みを消す練習」をすれば、バグの発生抑止につながることになります。

　2つめは、発生したバグの影響を最小限にする（もしくはバグを迅速に打ち消す）ための思考練習です。有害化バグ（解釈）を例に取れば、バグによってネガティブな解釈が頭に浮かんだとしても、ポジティブな解釈を迅速に行えば、その有害性を中和することができます。そうした思考が可能になるよう、あらかじめ練習をしておくのです。

　本書では、この両者を合わせて「バグを抑え込む思考練習」というふうに名づけることとします。発生前であれ発生後であれ、ともかくバグの影響が最小限になるように抑え込む。その力を高めるのです。

　右ページには、7種類のバグに対応するかたちで、「思考の流れを止める」など、7種類の練習コースが示してあります（後述しますが、各コースには、3つずつの練習メニューが含まれています）。これらはすべて、上に示した2つの視点から、あなたの「バグを抑え込む力」の強化を図るために用意されたものです。

前頭前野を鍛える「7つの練習コース」

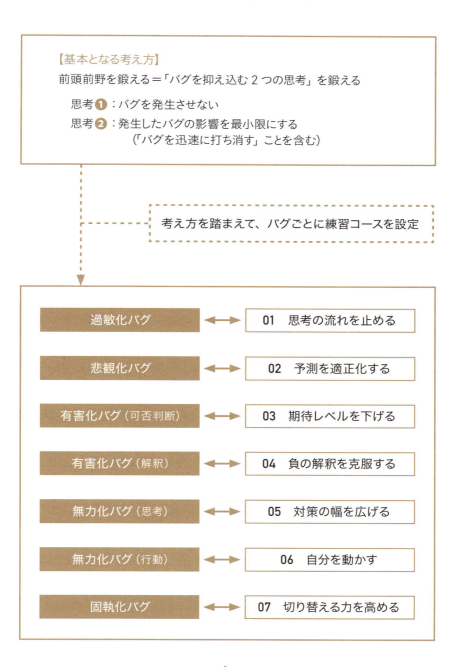

03-❸ 扁桃体を穏やかにする

ここでは練習❸、すなわち「扁桃体を穏やかにする」の考え方や内容について説明します（本書の第8章の内容説明となります）。

「安心していいよ」を伝える

　扁桃体の性格を穏やかにするために、本書が採用するのは、「扁桃体にメッセージを送る」という考え方です。

　人類誕生の遥か以前から、扁桃体は、野性環境の中で脅威発見センサーとしての役割を果たしてきました。それは至るところ命に関わる危険だらけの環境であり、その中を生き抜いた扁桃体が、常に緊張し、興奮しやすい性質を帯びたのは、ごく当然のことでした。

　しかし、それがいまや、大きなミスマッチを生んでいることも否めません。命の危険はほとんどないのに、扁桃体はしきりに興奮を繰り返し、不安などの負の感情を生み出して、人々を苦しめているのです。

　「扁桃体にメッセージを送る」とは、そんな扁桃体に対して、脳の持ち主の生きている環境下では、もうそんなに興奮する必要はないのだということ、安心していいのだということを伝えようとするものです（右図参照）。それによって、その性質を穏やかにしようとするのです。

　とはいえ扁桃体は、言葉の通じる相手ではなく、こちらの想いを伝えていくことは容易なことではありません。何らかの、言葉に代わるメッセージの伝達方法が求められることになります。

　第8章では、その方法を紹介していきます。

　※扁桃体へのアプローチに関しては、現在、生化学的なアプローチ（簡単にいえばクスリ）によってその性質を変えようとする試みが急激に増えていますが、本書の趣旨とはちょっと異なるので、ここでは扱いません。

「扁桃体を穏やかにする」とは？

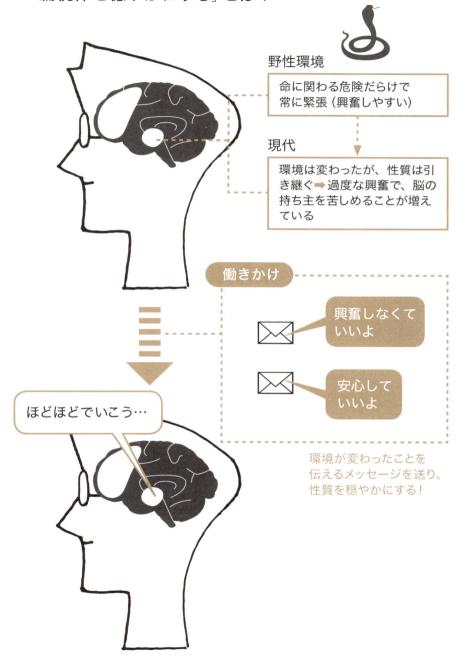

Column 扁桃体政治あるいは自爆化する世界

　生粋の文系である筆者が、脳科学の知見を取り入れた本を書くことはなかなかの冒険でありましたが、作業を進めていく上で、頼りにした本が2冊あります。1冊がエレーヌ・フォックスの『脳科学は人格を変えられるか？』（文藝春秋）、もう1冊がディーン・ブオノマーノの『バグる脳〜脳はけっこう頭が悪い』（河出書房新社）です。両書の前頭前野と扁桃体の関係に関する考察の力を借りて、本書は何とか形になったといっても過言ではありません。

　さて、そのブオノマーノの本からの受け売りになりますが、アメリカの元副大統領のアル・ゴアは、人々の恐怖心につけ込み、これを利用して人々を誘導するような政治のあり方を「扁桃体政治」と呼び、その危険性を指摘したとのことです。

　扁桃体の名誉を重んじれば、いささか安直なネーミングな気はしますが、それでも、現在の世界情勢を考えれば、この言葉の重さは、とてもよくわかります。ヘイトスピーチ、自爆テロ、暴言政治家の登場……世界で同時多発的に起こっている現象の向こうにある、非理性化への流れ。確かにそこには、扁桃体を刺激して人々を扇動しようとする者の存在が、見え隠れしているのです。

　一方で、前頭前野の純粋な化身ともいうべき科学技術は、IT（情報技術）や生命工学などの分野を中心に恐るべき勢いで進化しており、それはそれで、何だか人類全体を巨大な自爆へと向かわせているような、嫌な予感を私たちに抱かせます。

　こうした危うさを乗り越え、万人が幸福を感じる世界を作るところまで、脳は進化できるのか。私たちは、いま人類史の大きな岐路に立っているのかもしれません。

練習編

第5章

診断テストで自分を知る

01 自己診断テストにトライする

「7種類のバグ」の発生傾向を知るための診断です。診断結果から、第6章〜7章において、どのような「練習」に取り組むことが望ましいかを、知ることができます。

【進め方】
- 下記の質問表に回答してください
  （4段階のうち、もっとも自分に近いと思うものの数字に○をつける）。
- すべてに回答したら、A〜Gの区分ごとに合計点を出してください。
- 区分A〜Gの得点を合計し、末尾の該当欄に記入してください。

質問表（区分A〜B）

質問番号		まったく当てはまらない／あまり当てはまらない／ある程度当てはまる／よく当てはまる				区分の合計点	区分の記号
1	人が自分をどう思っているか、とても気になる	4	3	2	1		A
2	テレビなどのニュースを見て、不愉快になることが多い	4	3	2	1		
3	他人の言葉に傷つくことが多い	4	3	2	1		
4	すこしでも体調が悪いと、とても気になる	4	3	2	1		
5	夜、寝る前に、あれこれと考えることが多い	4	3	2	1		
6	世の中はどんどん悪くなっていると感じる	4	3	2	1		B
7	何かを始めるとき、「どうせうまくいかない」と思うことが多い	4	3	2	1		
8	他人を信用していない	4	3	2	1		
9	自分は何をやっても「ついてない」と感じる	4	3	2	1		
10	「努力は報われない」と感じる	4	3	2	1		

質問表（区分 C〜G）

質問番号	まったく当てはまらない / あまり当てはまらない / ある程度当てはまる / よく当てはまる					区分の合計点	区分の記号
11	自分と他人を比較し、劣等感を感じることが多い	4	3	2	1		
12	何ごとも完璧にやらないと気が済まない	4	3	2	1		
13	不平不満を口にすることが多い	4	3	2	1		C
14	何でも自分の思い通りにならないと、機嫌が悪い	4	3	2	1		
15	他人に期待して、裏切られることが多い	4	3	2	1		
16	人の言葉の「裏」を考える傾向がある	4	3	2	1		
17	物事のプラス面より、マイナス面を見る傾向がある	4	3	2	1		
18	ささいな出来事で、感情的になることが多い	4	3	2	1		D
19	物事をおおげさに考えることが多い	4	3	2	1		
20	他人から見下されることを恐れる	4	3	2	1		
21	目先のことで精一杯で、長期的なことは考えられない	4	3	2	1		
22	人に迷惑をかけたくない気持ちが強い	4	3	2	1		
23	安全志向が強く、失敗を避けようとする気持ちが強い	4	3	2	1		E
24	プライドが高く、格好の悪いことをしたがらない	4	3	2	1		
25	周囲の人から「常識がない」と思われることを嫌う	4	3	2	1		
26	他人の依頼をはっきり断れない	4	3	2	1		
27	自分に自信がない	4	3	2	1		
28	いろいろ考え過ぎて、行動できなくなることが多い	4	3	2	1		F
29	物事を先延ばしにすることが多い	4	3	2	1		
30	決断力がない	4	3	2	1		
31	性格的にまじめで、いい加減なことができない	4	3	2	1		
32	ストレス発散ができない	4	3	2	1		
33	悩みを、自分だけで抱え込むタイプだ	4	3	2	1		G
34	頭の中で、1つのことを延々と考えることが多い	4	3	2	1		
35	運動（体を動かすこと）が好きでない	4	3	2	1		
	区分 A〜G の合計点						

02 全体傾向を把握する

診断の区分得点および全体得点をもとに、自分自身の「バグの発生傾向」や「不安になりやすい度合」を把握してみましょう。

【ワーク1】：出現しやすいバグ・強度の強いバグを把握する
❶前ページの結果を踏まえ、下表に記号ごとの得点を転記してください。
❷記号は7種類のバグを示し、得点の高低は、出現しやすさや出現したときの強度を示します。11〜15点のものを注意（△）、16点以上のものを警戒（▲）とし、記号を「評価」の欄に記してください。△・▲のついたものが、とくに気をつけるべきバグとなります。

【ワーク2】：「不安になりやすい度合」を把握する
❶前ページの結果を踏まえ、下表にA〜Gの合計点を転記してください。
❷本診断では、合計点のレベルが、その人の「不安になりやすさ」のレベルを示すものと考えます。70点以上を注意（△）、91点以上を警戒（▲）、112点以上を厳戒（▲▲）とし、記号を「評価」の欄に記してください。これらの記号がついた人は、とくに真剣に「不安にならない練習」に取り組む必要があります。

記号	バグの名称	得点（転記）	評価
A	過敏化バグ		
B	悲観化バグ		
C	有害化バグ（可否判断）		
D	有害化バグ（解釈）		
E	無力化バグ（思考）		
F	無力化バグ（行動）		
G	固執化バグ		
	区分A〜Gの合計点		

【参考】脳内地図を作る

- 前ページの作業で、バグの全体傾向が把握できたと思います。
- この結果を活かすために、ここで「脳内地図を作る」という作業に取り組んでみましょう。これは、次ページのような図を使って、自分の頭の中の「不安発生に至る思考の流れ」がどうなっているかを、視覚的（直覚的）に理解しようとするものです。
- 下記の「進め方」に従って作業をしてください。
- 「鉛筆で塗られた枠」の多いバグの箇所が、あなたにとっての「危険ゾーン」ということになります。

【進め方】

- 次ページに示す「脳内地図」には、不安に至る思考の流れ（第2章で説明した「過剰警戒モード」の思考の流れ）が、フロー図で示されています。
- 図中には7種類のバグが、出現する箇所に表示されており、それぞれのバグ名称の下には、□が記してあります。下記の「作業ガイド」に従って、鉛筆で□を塗りつぶしてください。

作業ガイド

CHECKER

 過敏化バグ

← 例：得点が13点の場合

診断の各バグの得点にもとづき、
下記の基準で□を鉛筆で塗りつぶす

5 ～ 7点 → □を1つ塗りつぶす
8 ～ 10点 → □を2つ塗りつぶす
11 ～ 15点 → □を3つ塗りつぶす
16 ～ 20点 → □を4つ塗りつぶす

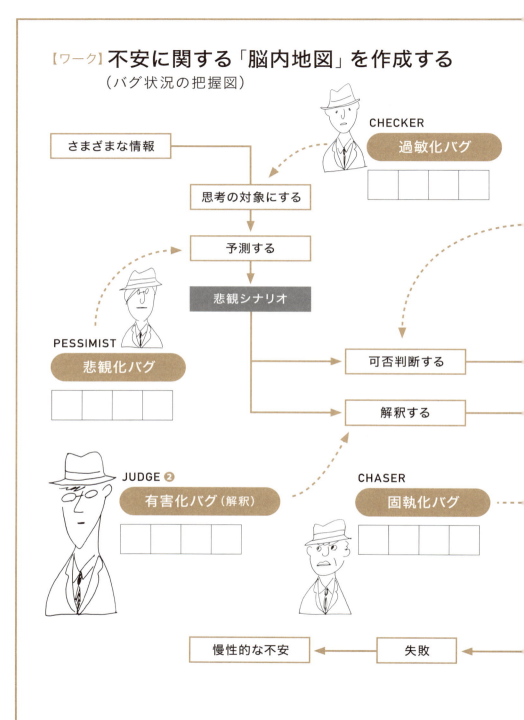

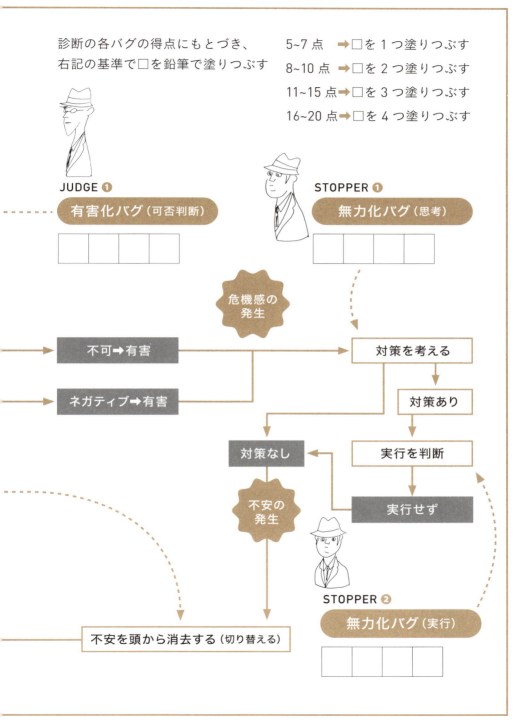

03 自己の特徴を理解する

　第4章の03-❶で示したように、本診断は、日常の思考や行動の特徴をもとにその人物のバグの傾向を推測しており、その得点傾向からは、どのバグが発生しやすいかということだけでなく、その人の人物像（思考や行動などの特徴）も浮かびあがるようになっています。

　次ページ以降の「プロファイル」には、ある区分の得点が高い場合、どのような思考や行動、あるいは性格の特徴を持っていると考えられるか、すなわちどのような人物と推測されるかが示してあります。

　示された思考や行動の特徴は、バグの発生、さらには不安の発生と深く関わると思われるものばかりです。「ワンポイント・アドバイス」の内容も参考にして、バグの発生、さらには不安の発生を抑止するための情報として活用してください。

【進め方】
- 合計点が「11点以上（注意△）」および「16点以上（警戒▲）」となった区分については、該当するすべての区分のプロファイルを見てください。
- 上記に該当する区分がない場合は、相対的に高得点の区分を2つ特定し、その区分のプロファイルを見てください。
- プロファイルの記述内容のうち、自分に当てはまると思う部分は、鉛筆などでチェックしておくことをお勧めします。

「プロファイル」の内容
- タイプ名称…人物の特徴をかいつまんで表現しています。
- 不安の原因となる思考や行動の特徴…その人の思考や行動の特徴のうち、バグの発生、さらには不安の発生と深く関係するものを示しています。
- 性格の特徴…不安につながる性格面の特徴を箇条化して示しています。
- ワンポイント・アドバイス…バグおよび不安の発生を防ぐためのポイントを示しています。

プロファイル（区分Aが高得点の場合の人物像）

過敏化バグの影響が強い
何でも気になる神経質タイプ

【不安の原因となる思考や行動の特徴】

- よくいえば「鋭敏な人」「情報感度の高い人」であり、何か気にすべきことがないかと、いつもアンテナを張りめぐらせています。
- そのこと自体は悪くないのですが、問題は、何でも自分と関係づけてしまう傾向があることです。そのため、「これは自分にとって有害なことではないか」といった方向に思考がいきやすく、「不安の芽」をみずから作り出すことになってしまいがちです。
- とくに気にするのは「他人の言動」で、「何か意味があるのでは？」と思いながら相手の言動を注視するため、気が休まることがありません。また、昔の失敗を思い出して暗くなるなど、考えなくてもいいことを考え、自分を追い詰めてしまうのも、このタイプの人の特徴です。

【性格の特徴】

- 他人の言動を気にする
- 自分に対する周囲の評価・評判を気にする
- 神経質で、こまかなことを気にする
- 体調のことをいつも気にしている

ワンポイント・アドバイス

いたずらに不安の芽を作らないためには、「好ましくない情報」に接しない、悪い方向への思考を早めに食い止めるなどの練習が必要です。第6章-01の練習をお勧めします。

プロファイル（区分Bが高得点の場合の人物像）

悲観化バグの影響が強い
悪いほうにばかり考える根暗タイプ

【不安の原因となる思考や行動の特徴】

- 何かを始めるにあたって、先々の展開をあれこれ予測し、自分なりに準備しておこうとする姿勢を持っています。
- 問題は予測の中身です。とくに根拠もないのに、「きっと悪い方向に進むに違いない」と決めつけてしまうなど、およそ「理性的」とは呼べない、過度に悲観的な予測をして、みずから「将来の脅威」を作り出してしまう傾向が見られます（こうした予測をしてしまうのは、これまでの人生において、あまり幸福な経験をしてこなかったためと考えられます）。
- また、自分自身の行動結果も悲観的に考える傾向があるため、「どうせ無理」「どうせうまくいかない」など、初めからあきらめるような発言が多く、行動も消極的なものとなりがちです。

【性格の特徴】

- 物事を悪いほうにばかり考える傾向がある
- 雰囲気が暗い
- 行動が消極的である
- 「どうせ無理」など、初めからあきらめるような発言が多い

ワンポイント・アドバイス

悲観的な予測をしてしまうのは、事実が正しく認識できない、誤った思い込みで予測をするなど、思考に客観性を欠いているためです。第6章-02の練習をお勧めします。

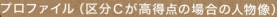

プロファイル（区分Cが高得点の場合の人物像）

有害化バグ（可否判断）の影響が強い
期待レベルが高い不平家タイプ

【不安の原因となる思考や行動の特徴】

- 理想が高く、何に対してもハイレベルな期待を抱くタイプです。
- 「ハイレベルな期待」は、自分に向けられる分にはよいのですが、他人や世の中に対して抱くのは、あまり好ましくありません。なぜなら、それは対象への失望を生み出すだけだからです（現実の世界は、期待レベルを大きく下回ることだらけなので、ほとんどのものに「×（不可）」のマークをつけざるを得なくなります）。
- 「×（不可）」の評価は、負の感情を生み出す原因であり、このタイプの人は、怒りっぽい、不安になりやすいといった性格特徴を持つことになります。また、周囲の人から「要求が多い」「不平不満が多い」と言われる可能性が高いことも、自覚する必要があります。

【性格の特徴】

- 理想が高い、あれもこれもと望む
- 失望したり、怒ったりすることが多い
- 文句や不平不満が多い
- 他人への要求水準が高い

ワンポイント・アドバイス

他人や世の中に対して、過度に高い期待を抱くことは、いたずらに失望感を生み出すだけなので、避けるべきと考えます。第6章-03で、期待レベルを下げる練習に取り組んでみてください。

プロファイル（区分Dが高得点の場合の人物像）

有害化バグ（解釈）の影響が強い
何でも悪く解釈する屈折タイプ

【不安の原因となる思考や行動の特徴】

- 出来事の意味をとらえる（解釈する）ことは1つの能力であり、その観点からいえば、すぐれた知性の持ち主といえそうです。
- 難点は、その解釈の方向性が、あまりにもマイナス方向に偏っていることです（ひどい場合、相手が親切でやってくれたことすら、「自分を見下している」とか「何か裏の意図がある」といった解釈をすることがあります）。つまり、頭の中で、対象に勝手に「悪い意味づけ」をして、どんどん自分にとって「有害なもの」を作り出しているのです。
- このため、このタイプの人は、怒りや不安などの負の感情を抱きやすくなります。周囲の人に対する猜疑心が強くなることも含め、「心休まらない状態」を自分で作り出してしまいがちです。

【性格の特徴】

- ひねくれている、屈折している
- （他人から見て何でもないことに）激怒する
- 他人の心を深読みする
- 被害妄想に陥りやすい

ワンポイント・アドバイス

物事をマイナスに解釈することは、不安のタネを自分でどんどん作り出すことであり、心身に有害です。プラスの意味で解釈する（価値を与える）力を高めましょう。第6章-04の練習をお勧めします。

プロファイル（区分Eが高得点の場合の人物像）

無力化バグ（思考）の影響が強い
対策が限定的な視野狭窄タイプ

【不安の原因となる思考や行動の特徴】

- 常識的な判断力や行動の堅実さが持ち味です。人間関係を大切にしており、協調性を持って行動することができます。
- ただし、常識を重んじるがために、発想は常に凡庸となりがちで、不安があっても、思い切った対策を考えることは難しそうです。また周囲との関係を気にし、目立つことや外聞の悪いことを避けようする傾向があることも、対策の幅を狭めることにつながりがちです。
- こうした傾向は、すべてリスクに対して過度に警戒心が強い（臆病である）ことの裏返しと見なせます。警戒心が強い分、将来の脅威に対しては敏感なのに、常識や世間体で自分の手足を縛ってしまい、自由に対策が考えられなくなってしまうのです。

【性格の特徴】

- 安全志向で、無理をしない（堅実である）
- 常識的な判断を重んじる
- 目立つことを好まない
- プライドが高く、外聞の悪いことを嫌がる

ワンポイント・アドバイス

「常識の壁」を取り払うためにも、幅広く対策を考える力を高める必要があります。また「リスクを避けようとする自分」と向き合うことも必要です。第7章-05の練習をお勧めします。

プロファイル（区分Fが高得点の場合の人物像）

無力化バグ（行動）の影響が強い

何でも先送りする腰くだけタイプ

【不安の原因となる思考や行動の特徴】

- 警戒心が強く、何ごとも慎重に進めていくタイプです。
- このため、仮にやるべきこと（不安解消のための対策）があっても、そう簡単には行動を起こしません。行動内容（対策）に十分な確信が持てない、環境がまだ整っていないから動けないなど、さまざまな理由をつけて、どんどん行動を先送りしていきます。
- また、なかなか行動を起こさないために、経験量が増えず、自分に自信を持つことができないことから、さらに行動に踏み出すのが遅れるといった、悪循環も発生しがちです。
- 「行動によって不安を解消する」という方法が得意でないことが、不安の慢性化を招いてしまうタイプといえそうです。

【性格の特徴】

- 警戒心が強く、リスクを避ける
- 決断力がない
- 言い訳が多い
- 「忙しい」を口癖にしている

ワンポイント・アドバイス

「対策を考える➡動く」のサイクルを回し続けることが、不安を乗り越えるには必須であり、そのためには「自分を動かす力」を高めなければなりません。第7章-06の練習をお勧めします。

プロファイル（区分Gが高得点の場合の人物像）

固執化バグの影響が強い
不安を繰り返す堂々めぐりタイプ

【不安の原因となる思考や行動の特徴】
- 1つのことを考え続けることのできる、真面目な人といえそうです。
- ただ、その真面目さがアダとなり、一度何かに悩み出すと、際限なくそれを考え続けてしまう（頭の中で堂々めぐりさせてしまう）傾向があるようです。また、何らかの対策を講じた場合も、真面目さゆえに、「これで十分なのか」「他にもできることはないか」などと考えてしまいがちで、これまた堂々めぐりを生むことになります。
- 一方、行動によって頭を切り替えることは得意でなく、ストレスをためてしまいがちです。「気晴らし」になることを自分で見つけてスッキリするとか、他人に相談し、不安感を軽減してもらうとか、自分なりのストレス対処の方法を持つことが必要そうです。

【性格の特徴】
- 物事をいい加減に済ませられない
- 自分で悩みを抱え込みやすい
- ストレスをため込みやすい
- ストレス発散ができない

ワンポイント・アドバイス
不安を慢性化させないためには、新たな目標を自分に課すなど、自分の関心が他に向かうように仕向ける技術を持つことが必要です。第7章-07の練習をお勧めします。

04 練習内容を定める

- 第6章および第7章には、「バグを抑え込む思考」を学ぶための、7つの練習コース（21種類の練習メニュー）が用意されていますが、これだけの数をこなすのは、すこし大変かもしれません。
- 効率的に練習したい方は、自己診断テストの結果を活用し、下記の「方式1」で、優先的に取り組む練習を定めてください。
- また、次ページ以降の「練習決定シート」を用い、方式2に示すような方法で優先する練習を定めてもかまいません。

方式1：「自己診断テスト」から決める
　自己診断で、得点が高く、改善の必要性が高いと判定されたバグについて、抑え込む思考の練習に優先的に取り組んでください。

方式2：「練習決定シート」で決める
　次ページ以降には、3つの代表的な不安テーマ（人間関係・仕事・生活や人生）につき、それぞれの不安を感じやすい人の特徴を示した「練習決定シート（A〜C）」が載っています。このシートを使って、下記の手順で、重点的に練習するコースを定めてください。

【決める手順】
❶ 3つの不安テーマ（人間関係・仕事・生活や人生）の中で、自分が抱える不安ともっとも近いものを1つ選んでください（近いものがない場合は方式1でメニューを定めてください）。
❷ 対応する「練習決定シート」のチェックリストで、自分の傾向をチェックしてください（□に「レ」でチェックする）。
❸ □に「レ」のマークの多くついたバグが、解消の必要度が高いものとなります。必要度の高いものを中心にして、取り組むコースを自身の判断で定めてください。

練習決定シートA:「人間関係の不安」の場合

【不安例】
☐ 他人から嫌われる、恋人に捨てられる
☐ 他人からひどい目にあわされる(いじめられる、仲間外れにされる)
☐ (これからもずっと)友だちや恋人ができない

バグの名称	チェックリスト(発生させやすい人の傾向)	練習コース
過敏化バグ	☐ いつも他人の行動を気にしている ☐ 他人の言葉に振り回されやすい ☐ SNSを頻繁に使う	01
悲観化バグ	☐ 自分に自信がない ☐ 他人を信用できない ☐ 人づき合いに関して、いい思い出が少ない	02
有害化バグ (可否判断)	☐ 他人に頼る傾向がある ☐ 他人の欠点ばかりが気になる ☐ 他人に期待しすぎる傾向がある	03
有害化バグ (解釈)	☐ 他人の言葉の意図をいろいろ詮索する ☐ 他人の言葉に傷つきやすい ☐ 他人の言葉に腹を立てやすい	04
無力化バグ (思考)	☐ 他人の性格を決めつけることが多い ☐ 他人と対立関係になることを恐れる ☐ 慣れないことを避ける傾向がある	05
無力化バグ (行動)	☐ コミュニケーション能力に自信がない ☐ 他人の指示がないと動けない ☐ 嫌なことを先延ばしすることが多い	06
固執化バグ	☐ 気分転換が苦手である ☐ 仕事や勉強に集中できないことが多い ☐ 明確な目標を持っていない	07

※固執化バグの内容はA・B・Cとも共通

練習決定シートＢ：「仕事の不安」の場合

【不安例】
□ 仕事でミスをする、失敗する
□ 与えられた目標が達成できない
□ 上司や周囲の人から、低く評価される（見下される）

バグの名称	チェックリスト（発生させやすい人の傾向）	練習コース
過敏化バグ	□ こまかなことを気にする □ 会社や上司の評価を気にする □ 家に帰っても仕事のことを考える	01
悲観化バグ	□ 「何をやってもうまくいかない」と感じる □ 自分の力量不足を感じる □ 過去の失敗を引きずっている	02
有害化バグ（可否判断）	□ 過度に高い目標を立てる □ 完璧主義である □ 他人に期待しすぎる	03
有害化バグ（解釈）	□ 物事をおおげさに考えやすい □ 物事の悪い面ばかりを見る □ 失敗を強く恐れる	04
無力化バグ（思考）	□ 目先のことへの対応で精一杯である □ 新しいことをやりたがらない □ 「みっともないこと」を避けようとする	05
無力化バグ（行動）	□ 「忙しい」が口癖になっている □ 言い訳が多い □ すべての条件がそろわないと動かない	06
固執化バグ	□ 気分転換が苦手である □ 仕事や勉強に集中できないことが多い □ 明確な目標を持っていない	07

※固執化バグの内容はＡ・Ｂ・Ｃとも共通

練習決定シートC:「生活や人生の不安」の場合

【不安例】
☐ 病気になる（体調が悪化する）
☐ 収入が減る、生計が立てられない
☐ 老後の人生が悲惨なことになる

バグの名称	チェックリスト（発生させやすい人の傾向）	練習コース
過敏化バグ	☐ 世の中の動きを気にする ☐ 他人の成功や失敗を気にする ☐ 自分の体調を気にする	01
悲観化バグ	☐ 自分はついていないと感じる ☐ 世の中はどんどん悪くなっていると感じる ☐「努力は報われない」と感じる	02
有害化バグ （可否判断）	☐ 自分と他人を比べる傾向がある ☐「いい生活がしたい」と強く思っている ☐ 見栄張りである	03
有害化バグ （解釈）	☐「お金がない＝みじめ」と思っている ☐「自分は不幸だ」と感じることが多い ☐「楽しいことがない」と感じることが多い	04
無力化バグ （思考）	☐ 長期的な問題を考えることが苦手である ☐ 他人への依存性が高い ☐「どうせ」が口癖である	05
無力化バグ （行動）	☐ 決断力がない ☐ コツコツとした努力が苦手である ☐ 面倒なことを先送りしがちである	06
固執化バグ	☐ 気分転換が苦手である ☐ 仕事や勉強に集中できないことが多い ☐ 明確な目標を持っていない	07

※固執化バグの内容はA・B・Cとも共通

Column あきらめたから、生きられた

　不安以上の負の感情である「絶望」を超える方法がわかれば、不安の克服にもきっと役立つに違いないと、以前から漠然と思ってはいたのですが、最近、その手がかりになるかもしれない1冊の本と出合いました。それが『37日間漂流船長〜あきらめたから、生きられた』(石川拓治著／幻冬舎文庫)です。

　タイトルからわかる通り、この本は小型漁船の船長・武智三繁さんの漂流体験を描いたドキュメントです。飢えや渇きとの戦いがリアルに描かれ、それだけで十分に興味深いのですが、圧倒的に魅かれるのは、武智さんの「絶望との向き合い方」です。限界状況に瀕(ひん)する中での、武智さんのあっけらかんとした潔さ。そこに、ある種の凄(すご)みを感じるのです。

「最後の1本をしみじみと眺めながら、しみじみね。ああこれで最後か、もう、これはゼロと同じだ。そう思ったの。(中略)そしたらもう後は、何も考えない。ただ、ごくごくっと飲み干した。」「水無しでは、とても干物を飲み込むことができなかった。(中略)どうせ食べられないんだからって思って、ぱっと捨てちゃった。捨てたら、なんかすっきりした。」(同書、第三章より引用)

　武智さんの行為が正しかったかどうか、それが勇気なのかどうかも、よくわかりません。しかし、「飲み干す」「捨てる」が武智さんの意志にもとづく行為であったことは確かです。生きるにせよ死ぬにせよ、最後まで自分の意志で決めたい。そういう人であったからこそ生還できたのではないか。そんな気がするのです。

練習編

第6章
脅威を
生み出さない練習

前頭前野を鍛える❶

【準備】第6章の練習内容について

- ここからは「前頭前野を鍛える」ための練習に入ります。
- 練習の目的は、「バグを抑え込む思考」を学習することによって、過剰警戒モードへの移行を防いで、理性的な「平常モード（下図参照）」が保たれるようにすることです。
- 練習は、前後半に分かれており、前半は「脅威を生み出さない練習」、後半は「不安を打ち消す練習」となっています。
- 本章では、このうち前半部分の練習を行います。「将来の脅威」の乱造につながる、過敏化・悲観化・有害化の3つのバグの抑え込みが、ここでのテーマとなります（有害化バグに「可否判断」「解釈」の2種類があるため、右表に示すように全部で4つの練習コースとなります）。
- 各コースには、それぞれ3つの「メニュー」が用意されています。
- 第5章-04「練習内容を定める」の結果も踏まえて、自分にとって必要度の高い練習コースに、優先的に取り組んでください。

練習によってめざす状態 (平常モード)

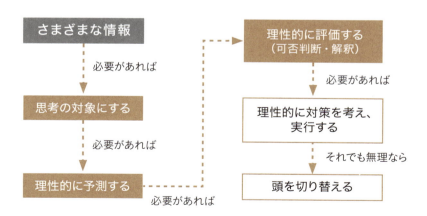

01〜04の練習内容一覧

練習コース（対応するバグ）		練習の概要／メニュー
01	思考の流れを止める （過敏化バグ）	「むやみにいろいろなことを気にする」という、好ましくない習慣を変えるため、思考にストップをかける練習をします。
		①「パターン化された不安」を見出す ②「避けるための工夫」を考える ③思考停止を試みる
02	予測を適正化する （悲観化バグ）	悲観的な予測の原因となっている、「フィルター」「思い込み」などを自覚するとともに、それを取り除く練習をします。
		①フィルターを自覚する ②自分の「思い込み」を知る ③「思い込み」を取り除く
03	期待レベルを下げる （有害化バグ：可否判断）	可否判断で「×（不可）」が多くなる原因が自分の期待レベルの高さにあることを自覚し、レベルを下げる練習をします。
		①準備練習をする ②自分の期待を知る ③期待レベルを下げる
04	負の解釈を克服する （有害化バグ：解釈）	バランスのとれた解釈ができるよう、対象にプラスの意味（価値）を与える練習などを行います。
		①負の解釈に反論する ②価値を与える練習をする ③脅威に価値を与える

01 思考の流れを止める

過敏化バグは、「どんなことでも気にする」という傾向を生み出します。ここでは、このバグを抑え込むための思考練習に取り組みます。

最上流で、不安への思考の流れを止める

　不安は、「予測」の結果として発生する感情ですが、しかし、いきなり予測段階に突入するわけではなく、その前に、「ある事柄に対して意識が向かい、思考が始まる」という段階が存在します。

　まず最初に、何らかの「きっかけ」となる出来事が発生します（上司からの叱責とか雑誌の記事とか、いろいろなことがきっかけとなります。また、何かを思い出すことがきっかけとなる場合もあります）。そして、それを「意識する（気にする）」ことを起点として、さまざまな連想が始まり、やがて予測に到達することになります（右図参照）。ごくごく短い時間ですが、不安発生の最初の段階は、こうした流れになっているのです。

　過敏化バグが活発な人とは、むやみにこうした思考を開始してしまう人のことをいいます（平たくいえば「いろいろ気にしてしまう人」です）。何でもかんでも気にしてしまえば、不安を生むような「あらぬ予測」へと思考が展開するリスクは確実に高くなります。こうしたタイプの人は、自分で不安に至る「思考の流れ」を生み出しているのです。

　しかし、逆にいえば、もしこの段階で、思考の流れを停止することができれば、不安を感じる危険性は大きく低下することになります。もちろん、「気にする」は、ほとんど無意識に始まることなので、コントロールは容易なことではありません。しかし、停止に成功すれば、その先の苦労はなくなるわけですから、これ以上の防止策はありません。「うまくいったらラッキー」くらいの気持ちでいいと思います。まずは以下の練習にチャレンジしてみてください。

【練習メニューの紹介】

ここでは3つの練習メニューに取り組みます。

最初に、自己の不安体験を振り返り、似たパターンの不安がないかを考察してみます。同じパターンが反復される場合、不安発生の予測がしやすく、停止のための対策も考えやすいからです（メニュー❶）。

次に取り組むのは、「きっかけ」そのものをなくすことです。防げないものはともかく、自力で防げるものはなくす。そのためにどのような工夫をすべきかを、ここで考えてみます（メニュー❷）。

もう1つは、いったん始まりかけた思考を、できるだけ早い段階で停止させることです。脳は、「考えるな」といわれると余計に考えてしまう屈折した性質を持っていますが、それをも乗り越えて、ともかく止めてみる。そのテクニックを学習します（メニュー❸）。

「思考の流れを止める」ための練習メニュー

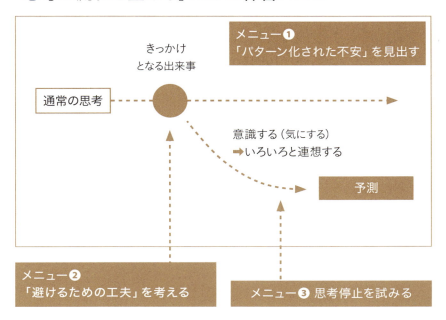

メニュー❶「パターン化された不安」を見出す

【趣旨】
- 似たようなきっかけから、似たような思考を経て、似たような不安を感じることが、日常生活の中では頻繁にあります。ここでは、それを「パターン化された不安」と呼ぶこととします。
- こうした不安の場合、発生がある程度予測できることから、「きっかけ」となる出来事を避けるなど、「不安への思考の流れ」を生まないための予防策を考えることが可能となります。
- 予防策を考える手がかりを得るため、ここで自分自身の「パターン化された不安」を把握してみましょう。

【練習シートの記入方法】
- ここ最近、似たようなことをきっかけに、似たような思考を経て不安を感じたことがなかったか、思い出してみてください（できれば3パターン）。
- それぞれのパターンにつき、「似たようなきっかけ」の内容と、「どんな思考を経てどんな不安を感じたか」の内容を、記入例を参考にして、シートの該当欄に記入してください。

【記入例】

似たようなきっかけ…
　テレビ・新聞・雑誌などで、「老後問題」「介護問題」のニュースを見たり、記事を見たりする

どんな思考を経てどんな不安が…
　自分自身のことをどうしても考えてしまう➡介護で離職せざるを得なくなり、生活が破綻するのではないかと不安を感じる

練習シート：「パターン化された不安」を見出す

不安パターン ❶	「似たようなきっかけ」の内容は？	
	どんな思考を経てどんな不安を感じたか？	
不安パターン ❷	「似たようなきっかけ」の内容は？	
	どんな思考を経てどんな不安を感じたか？	
不安パターン ❸	「似たようなきっかけ」の内容は？	
	どんな思考を経てどんな不安を感じたか？	

メニュー❷「避けるための工夫」を考える

【趣旨】
- 不安へと向かう思考が展開されないようにするためには、「きっかけ（となる出来事）」をなくすことがベストです。
- 「きっかけ」の中には、自力ではどうしようもないものもありますが、中には、努力すれば避けられるものもあります。下記には、「きっかけ」になりやすいと思われる行動（例）が示してありますが、こうした行動の多くは、努力すれば避けられるものです。
- ここでは、あなた自身の「きっかけ」になりやすい行動、言い換えれば「避けるべき行動」がないかを考え、それを避けるために、どのような工夫をすべきかを考えてみてください。

「きっかけ」になりやすい行動（例）
- 他人の成功や失敗を気にする
- 他人の自分に対する評価を気にする
- 過去の失敗やミスについて考える
- 家に帰っても仕事のことを考え続ける
- 他人の行動を気にし、観察する
- 他人の自分への態度について考える
- 相手の言葉の意味を必要以上に詮索する
- 体のちょっとした不具合をネットで熱心に調べる
- 「老後破産」といった見出しの雑誌記事などを読む
- 経済予測情報などを見る
- SNSに過度に依存する　　　　　　　　　　　など

練習シート:「避けるための工夫」を考える

【記入方法】

- あなたにとって「避けるべき行動」は何でしょうか。メニュー❶の記入内容(似たようなきっかけ)も参考にして、行動を3つ挙げてください。
  例1:雑誌などで老後問題や介護の記事を読む
  例2:夜、寝るときに、昼間のことを思い出す
- 避けようとしても、なかなかうまくいかない場合も考えられます。うまく避けるためには、どのような工夫が必要かを考え、記入してください。
  例1:読むべき記事を決めておき、それ以外は読まないことを習慣化する
  例2:「すぐに眠りに落ちるためのルーティン」を確立する

努力❶	避けるべき行動	
	そのための工夫	

努力❷	避けるべき行動	
	そのための工夫	

努力❸	避けるべき行動	
	そのための工夫	

メニュー❸ 思考停止を試みる

【趣旨】
- 「きっかけ」が発生し、不安に向けて思考が動き出したら、あとはできるだけ早く思考を停止させるしかありません。
- ここでは思考停止の方法として、心理療法やスポーツのメンタルトレーニングで実際に使われている手法を紹介します。
- 共通しているのは、いずれも「行動(動作)」が重要な役割を果たしている点です。「考えるな!」と脳が脳に命令を出しても効果が薄いので、行動(動作)という、外からの力を借りるのです。

【手法❶】心理療法における「思考停止法」
古典的な心理療法であり、下記のようなトレーニングを繰り返すことで、マイナス方向に向かう思考を自分で停止できるようにする(カウンセラーの支援で実施することが望ましい)。

【実施手順】
❶ マイナスの感情を感じたとき、自分の頭に思い浮かんだ考えやイメージをいろいろ思い出し、その中から、思い浮かべやすく、中断させやすそうなものを1つ選ぶ。
　例:仕事に失敗し、周囲からバカにされているイメージ
❷ アラームを用意し、3分後に鳴るようにセットしておく。
❸ 目を閉じて、❶で選んだ考えやイメージについて、できるだけ具体的な内容で思い浮かべてみる。
❹ アラームが鳴ったら、大声で「ストップ!」と叫び、思考をそこで停止する(イメージを消し去る)。このとき、ひざを叩いたり、立ちあがったりするとよい。

【手法❷】スポーツ心理学における「ソート・ストッピング」
試合でミスしたときなどに、次のプレーに集中する（マイナス方向への思考の流れを停止する）ために行う方法。シンボリックな意味合いを持った簡単な行動（動作）を入れることで、思考の切り替えを促す（参考：『誰でもできる最新スポーツメンタルトレーニング』笠原彰・学研）。

　　例：地面を踏みつぶす動作をする（ミスを踏みつぶす）

試してみましょう！

手法❷を参考にして、「不安への思考の流れ」を、できるだけ早い時点で停止させるための「切り替え行動」を考えてみましょう。

【切り替え行動を考える手順】

❶もっとも頻繁に起きる「不安のきっかけとなる出来事」を1つ決める。
　　例：LINEで友人から既読スルーされる

❷その「出来事」から、通常、どのようにして不安に至るか、自分の思考の流れを振り返り、簡潔に記述する。
　　例：自分を無視している ➡ 嫌われたのかもしれない

❸❷の考えを停止させるための行動を考える（できれば「シンボリック」なものがよいが、そうでなくてもよい）
　　例：机の上をウェット・ティッシュで拭く（不安を拭きとる）

❶ きっかけとなる出来事	
❷ 不安に至る思考の流れ	
❸ 停止させる行動を考える	

02 予測を適正化する

悲観化バグは、「何でも悲観的に予測する」という傾向を生み出します。ここでは、このバグを抑え込むための思考練習に取り組みます。

「悲観的な予測」の原因を取り除く

　私たちは、どのようにして将来のことを「予測」するのでしょうか。

　まず必要なのは、「手がかりとなる事実」です。「夕焼けがきれいだから明日は晴れるだろう」という予測でいえば、「夕焼けがきれい」の部分がこれに当たります。いわゆる「根拠」です。

　次いで必要となるのは、ちょっと難しい表現になりますが、「一般法則に関する知識」です。上記の例でいえば、なぜ「明日は晴れる」になるかというと、「夕焼けの翌日は晴れる」という一般法則の知識をあらかじめ知っていたためであり、この一般法則を個別場面に適用することで、「予測」という、未来に向けての推論を実現しているのです。

　さて、では「悲観的な予測」はどのように生まれるのでしょうか。言い換えれば「悲観化バグ」の正体は何か、ということです。

　1つは「事実認識の不正確さ」の問題です。事実といっても、それをとらえるのは人間なので、偏ったフィルターによってゆがめられてしまうことは、いくらでもありえます。ネガティブなフィルターで、実際より悪く事実をとらえれば、当然、予測結果も悲観的なものになります。

　そしてもう1つ、これが非常に大きな問題なのですが、その人が「一般法則」と考えていることが、単に「悲観的な思い込み」になっている場合です。「自分は何をやっても失敗する」という、ただの「悲観的な思い込み」を、あたかも一般法則のように思い込んでいれば、どんな仕事をするときも、頭の中には「将来の失敗」という、悲観的なイメージばかりが湧いてくるに決まっているのです。

【練習メニューの紹介】

予測の悲観化を防ぐため、ここでは２つのことに取り組みます。

最初に行うのは、「フィルターを自覚する」練習です。人は無意識のうちに「偏ったフィルター」を通して物事を見ています。正確な事実をもとにした予測をするには、自分もまた「偏ったフィルター」を通して物事を見ていることを自覚する必要があります（メニュー❶）。

次いで行うのは、あなた自身の「悲観的な思い込み」は何かを知り、それを取り除く練習をすることです。もちろん、長い時間をかけて作られてきた「思い込み」なので、すぐに取り除くことは難しいかもしれませんが、日常生活の中で、すこしずつ取り除いていけるよう、その方法をここでしっかりと学習しておきましょう（メニュー❷❸）。

予測の「悲観化」を防ぐための練習メニュー

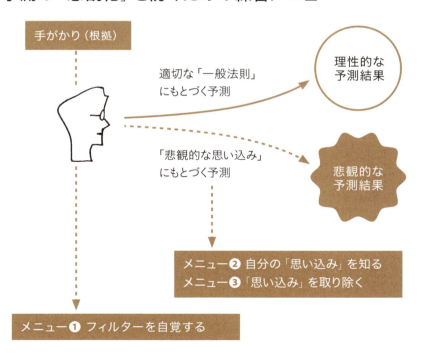

メニュー❶ フィルターを自覚する

【趣旨】
- 事実をありのままにとらえることは、簡単そうでいて、実はとても難しいことです。ヒトは、脳というフィルターを通してしか物事を認識することはできず、かつフィルターはしばしばゆがんでいるからです。
- 「ゆがみ」の原因にはいろいろなものがあります。好き嫌いの感情の場合もあれば、事前のイメージが原因となる場合も、あるいはその人の抱いていた信念が原因となる場合もありえます。私たちは、それらに無自覚なまま、自分で作り上げた「事実らしきもの」を、事実だと思い込んで生きていたりするのです。
- 正確な事実認識のためには、こうしたフィルターは取り除くに越したことはありません。その第一歩として、ここでは、こうしたフィルターがあなたの内面にもあることを、自覚していただこうと思います。

【練習シートの記入方法】
- 1〜4には、登場人物（A・C・E・F）が内面に抱いている、好き嫌い・事前イメージ・信念などを示す文章が記してあります。
- こうした思いを内面に抱いている人物が、それぞれに示す「事実」に接したとき、その人物は、その「事実」をどうとらえる（認識する）ことになるでしょうか。あなた自身がその人物になったつもりで、認識内容を考えてみてください（書き方は下記を参照）。
- 参考解を P.158 に示してあります。

> 【右ページの例題の参考解】
> Qさんは仕事をさぼっている
> ※考えごとをしている可能性もあるが、「仕事嫌い」のイメージから「さぼっている」という事実にしてしまう可能性が高い

練習シート：フィルターを自覚する

例題
（事前イメージ）PさんはQさんが仕事嫌いだと思っている。
（事実）仕事時間中、Qさんが机で何もせずに座っている。

Pさんの認識	

1（好き嫌い）AさんはBさんを嫌っている。
　（事実）Aさんは、Bさんから何度か話しかけられた。

Aさんの認識	

2（事前イメージ）CさんはDさんが自分を嫌っていると思っている。
　（事実）CさんはDさんに話しかけた。Dさんは何も言わずに行ってしまった。

Cさんの認識	

3（信念）Eさんは、後輩は先輩に忠実であるべきだと思っている。
　（事実）Eさんは後輩に仕事を頼んだ。後輩は「いまは無理です」と言った。

Eさんの認識	

4（信念）Fさんは、店員は丁重に接客すべきと思っている。
　（事実）Fさんは薬局の店員に質問をした。「わかりません」とだけ言われた。

Fさんの認識	

メニュー❷ 自分の「思い込み」を知る

【趣旨】
- ここでは、あなたが内面に抱いている「悲観的な思い込み」を、簡単な診断を通じて明らかにします。
- ステップ❷のリストに示すような「思い込み」は、どれか1つでも強く持っていると、先々に対して、明るい見通しを持つことは難しくなります。予測を悲観化させないために、まずは自分の傾向を正しく把握しましょう（➡右ページの「作業の進め方・記入方法」へ）。

ステップ❶ 簡易診断でチェックをする

番号	質問文	よく当てはまる	ある程度当てはまる	あまり当てはまらない	まったく当てはまらない	区分の合計得点	区分の記号
1	自分は不器用で、何をやってもうまくいかない	4	3	2	1		A
2	自分に自信が持てない	4	3	2	1		
3	自分には能力があると思うが、なぜか成果がでない	4	3	2	1		B
4	精一杯頑張っているが、物事がうまくいかない	4	3	2	1		
5	他人をあてにしてはならない	4	3	2	1		C
6	人は自分が期待したようには動いてくれない	4	3	2	1		
7	世の中にはずるい人が多い	4	3	2	1		D
8	自分だけよければいいと考えている人が多い	4	3	2	1		
9	「悪い予感」はよく当たる	4	3	2	1		E
10	「起こってほしくない」と思っていることは、よく起こる	4	3	2	1		
11	世の中がだんだん暗くなっている	4	3	2	1		F
12	日本は、頑張っても報われない社会になりつつある	4	3	2	1		

【作業の進め方・記入方法】
- ステップ❶：各質問文の内容が、自分の考えに当てはまるかどうかを判断し、該当箇所の数字に○をつけ、区分ごとの合計得点を出してください。その上で高得点の区分を１〜２つ特定してください。
- ステップ❷：表で、高得点区分の説明を読み、自分がどんな「悲観的な思い込み」を持っているかを確認してください。
- ステップ❸：過去にそうした思い込みで予測したことはなかったでしょうか。思い当たることがあれば書いてください。

ステップ❷「悲観的な思い込みのリスト」で確認する

自分	A	能力が足りない	能力不足だから、何をやってもうまくいかない
	B	ついていない	自分には運がないので、悪いことばかり起こる
他人	C	期待通りに動かない	人は自分の期待通りに動いてくれない
	D	悪意を持って動く	人は、自分に対して悪意や敵意を持って動く
人以外	E	悪いことほど起こる	世の中では、悪いことほど、予想通りに起こる
	F	どんどん悪くなる	今後、世の中では、悪いことばかりが起きる

ステップ❸「思い当たること」を書く

とくに高得点の区分	思い当たること

メニュー ❸「思い込み」を取り除く

【趣旨】
- 悲観化を防ぐには「悲観的な思い込み」を取り除く必要があります。
- 「思い込み」は、あなた自身が、さまざまな経験を自分なりに解釈し、その結果として生み出されたものです。逆にいえば、経験の解釈が違っていたら、生まれなかった可能性があることになります。
- ここでは、過去の経験の解釈を変えることを通じて、「悲観的な思い込み」の除去にトライしてみることとします。

【練習シートの記入方法】
下の記入例も参考にして、以下を練習シートに記入してください。
- 前メニューの簡易診断の結果も踏まえて、あなたの内面にある、もっとも深刻な「悲観的な思い込み」を1つ特定し、その内容を記入してください。
- その「思い込み」を生むことになったと考えられる、もっとも大きな経験（本やテレビなどからの影響であってもかまいません）を2つ特定し、その内容を記してください（経験AとBに分けて記入のこと）。
- 経験AとBは、それぞれ解釈を変えれば、「思い込み」を生まなかった可能性があります。下記のような「決めつけない表現」で、「新しい解釈」をしてみて、その内容を該当欄に記してください（自分にとって納得感が高くなるよう、解釈の理由などを添えてもよい）。

【決めつけない表現例】「〜なこともあれば、そうでないこともある」

【記入例】
- 「悲観的な思い込み」の内容…人は悪意を持って動く
- 経験の内容…中学時代、級友がみんなで自分を無視した
- 新たな解釈…悪意を持ってそうした者もいれば、仕方なくそうした者もいただろう（大人になったいまはそう思える）

練習シート：自分の「思い込み」を取り除く

「悲観的な思い込み」の内容		
経験A	経験の内容	
	新たな解釈	
経験B	経験の内容	
	新たな解釈	

03 期待レベルを下げる

有害化バグ（可否判断）は、「どんな出来事も不可にする」という傾向を生み出します。ここでは、このバグを抑え込む思考練習に取り組みます。

期待（基準）が低ければ、負の感情は生まれにくい

　第１章で述べたように、感情は「評価」の結果として生まれます。

　評価には、可否判断と解釈という、性格の異なる２つの方法がありますが、基本は可否判断のほうで、感情の正負がこれによって定まることになります（基準に照らして、出来事が「可（満たす）」であれば正の感情が、「不可（満たさない）」であれば負の感情が生まれます）。

　ここでいう「基準」とは、「期待」のことです。私たちの心の中には、「こうあってほしい（欲求）」「こうあるべきだ（規範）」など、さまざまな期待が存在していますが、それらの中から、直面する状況に応じた期待が選ばれ、「基準」となることで、可否判断はなされるのです。

　当たり前のことですが、基準である期待は、そのレベルが高ければ高いほど、出来事は「不可（満たさない）」となる可能性が高くなります（女性が、結婚相手の年収基準を３千万円以上で設定すれば、大多数の男性は「不可」になりますが、それと同じことです）。

　有害化バグ（可否判断）が活発化している状況とは、上記からわかるように、ある人物の内面において、期待（基準）が不適切に高くなってしまった状態であるといえます。期待（基準）が高過ぎるために、どんな出来事に対しても、「不可」の烙印を押してしまい、負の感情を次から次へと生み出す状態になっているのです。

　逆にいえば、期待のレベルを低くすることができれば、「可（満たす）」が増えることになり、不安を含めた負の感情を感じる機会を、ぐっと減らすことができることになります。

【練習メニューの紹介】

　ここで最終的にめざすのは、あなたの内面にある（かも知れない）「過度に高いレベルの期待」を、適切なレベルに引き下げることです。しかし、私たちは、そもそも自分の期待すらよくわかっていないのですから、それはそう簡単なことではありません。

　そこで、最初に行うのは「自分の期待を知る」ことです。どんな期待が、不安を含むさまざまな負の感情を生む原因となっているかを、メニュー❷で明らかにしていきます（メニュー❶はその準備練習です）。

　ここで把握した期待に関して、そのレベルの引き下げにトライするのがメニュー❸です。この作業が適切にできれば、期待と出来事のギャップが小さくなるので、負の感情は生まれにくくなります。

「期待レベルを下げる」ための練習メニュー

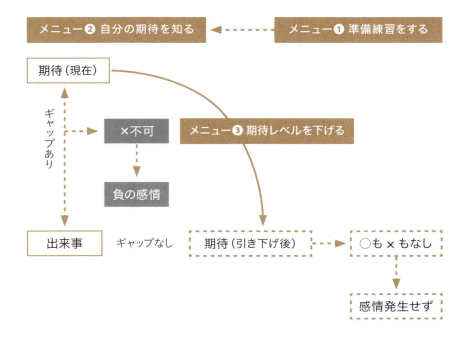

メニュー❶ 準備練習をする

【趣旨】
- メニュー❷で「自分の期待を知る」というテーマに取り組むに先立ち、ここでは、その準備トレーニングを行います。
- ヒトは、多くの期待を抱いていますが、日頃は、ほとんど意識していません。意識されるのは、感情が発生したときです。「期待と出来事のギャップの認識」を引き金として感情が発生したとき、私たちはようやくその存在に気づくのです。
- ここでは、この「発生した感情から期待を知る」という、みなさんにとって不慣れであろう思考のかたちに慣れていただければと思います。

【練習問題の解答方法】
- 右ページの1〜3の文章は、3人の人物が何らかの「負の感情」を抱いた場面を描いたものです。
- それぞれの人物が感情を抱いたのは、その人物があらかじめ抱いていた期待と、現実に起こった（起こりそうな）出来事との間にギャップがあるためと考えられます。人物が抱いていた期待がどのようなものであったか、その内容を推測し、解答欄に記してください。
※期待は、欲求（こうあってほしい）と、規範（こうあるべきだ）の2つの系統に分かれます（下の記入例を参考）。どちらかの表現で記してください。なお、参考解をP.158に示してあります。

【記入例】
出来事：スーパーのレジで10分も待たされて不愉快だった
期待例❶：レジは迅速であってほしい（欲求）
期待例❷：店は客が楽に買い物できるようにすべきだ（規範）

練習問題：準備練習をする

1 朝、Aさんが電車に乗っていると、目の前の座席に座っている女性がメイクを始めた。Aさんは不愉快さを感じた。

2 Bさんは、レストランに予約をしていたが、仕事の都合で行けなくなり、直前にキャンセル電話を入れた。不機嫌そうな態度で対応され、電話をガチャンと切られた。Bさんは腹立たしい気持ちになった。

3 Cさんは、明日、友人の結婚式でスピーチをする。Cさんは、うまくできるかどうか、次第に不安になってきた。

メニュー❷ 自分の期待を知る

【趣旨】
- ここでは、メニュー❸の「期待レベルを下げる」に向け、まずは自分の心の中にある「期待」の把握をめざします。
- 把握方法は、「発生した感情から期待を知る」という、メニュー❶で学んだ方法となります。なお、不安は「将来の出来事」から発生する感情であるため、他の感情の場合とは分けて作業をします。

【練習シート❶の記入方法】
- 不安以外の感情体験を通して、自分の期待を明らかにします。
- 最近、あなたが怒りや悲しみなどを感じた出来事を記してください。
- こうした感情が生まれたのは、あなたがあらかじめ、何らかの「期待」を持っていたためと考えられます。その内容を記してください。

【練習シート❷の記入方法】
- 不安体験を通して、自分の期待を明らかにします。
- 不安を感じたとき、あなたの中に思い浮かんでいた「将来の出来事」の内容、すなわち予測内容を記してください。
- 不安が生まれたのは、あなたがあらかじめ、何らかの「期待」を持っていたためと考えられます。その内容を記してください。

【❶の記入例】
出来事：道で会った後輩に無視をされ、腹を立てた
期待内容：年少者は年長者に敬意を示すべきだ

【❷の記入例】
将来の出来事：(いま独身なので) 老後は1人暮らしになってしまうと考え、不安になった
期待内容：誰かに守られていたい

練習シート❶ 自分の期待を知る（不安以外の負の感情から）

負の感情を抱いた出来事	期待の内容

練習シート❷ 自分の期待を知る（不安から）

「将来の出来事」の内容	期待の内容

メニュー❸ 期待レベルを下げる

【趣旨】
- メニュー❷で、あなた自身の「期待」を把握しました。ここでは、最終的なテーマである「期待レベルを下げる」に取り組みます。
- 下記に「期待レベルを下げるための視点例」を挙げました。これを活用して、練習シートでレベルの引き下げにトライしてみてください（実際に負の感情が生まれないようにしないと、意味がありません。そこに至るまで何度でも考えてみてください）。

「期待レベルを下げる」ための視点例

1 「最低限の満足ライン」を考える

「最低限の満足ライン」を考えるようにすると、ほとんどの出来事は「○（可）」となります。
- ぜいたくな暮らしをしたい ➡ 毎日、ご飯が食べられる
- 人は自分に優しくすべきだ ➡ 自分に危害を加えない

2 期待そのものをなくす

期待そのものをなくしてしまうことも、「レベルを下げる」の1つのかたちとなります。とくに「他人に対する期待」は、失望や怒りを生むことが多いので、できるだけ「なくす」ようにしましょう。
- 若者には活動的であってほしい ➡ 何も期待しない
- 妻は夫を立てるべきだ ➡ 何も期待しない

3 特定のものへのこだわりをなくす

特定のものへのこだわりが、期待レベルを高める場合があります。こだわりをなくせば、レベルを下げることができます。
- 老後はゴルフがしたい ➡「カラダを動かすこと」がしたい

【練習シートの記入方法】

- メニュー❷で記した「期待の内容」のうち、自分の負の感情(とくに不安)を生む原因として重要と思われるものを3つ特定し、該当欄に転記してください。
- それぞれの期待につき、左ページの視点例を参考にして、期待レベルを引き下げてみてください(引き下げ後の期待内容を記入する)。
- 自分で納得できるまで、表現を工夫してみてください。

【記入例】
期待の内容:他人から好かれたい
引き下げ例❶:他人から恨まれない(最低限の満足ライン)
引き下げ例❷:他人に何も期待しない(期待そのものをなくす)

期待の内容(メニュー❷から)	引き下げ後の期待内容

04 負の解釈を克服する

有害化バグ（解釈）は、「物事を悪く解釈する」という傾向を生み出します。ここでは、このバグを抑え込む思考練習に取り組みます。

「負の解釈」を「バランスのとれた解釈」に変える

　不安を含め、いわゆる「負の感情」に陥りやすい人は、物事を悪い方向で解釈する（意味づける）傾向を持っています。

　たとえば、仕事で失敗をしたとき、負の感情に陥りやすい人は、「取り返しのつかないこと」「人生の挫折」といったマイナスの解釈をすることになります。「失敗は成長の糧」といったプラス面があっても、それには目もくれず、ひたすら負の解釈（意味づけ）へと突き進むのです。

　こうした傾向を放置しておけば、未来に起こることの多くは、それがごく普通の事柄でも、有害なこと、すなわち不安を生み出す「脅威」になってしまう恐れがあることになり、好ましくありません。不安にならないためには、解釈のあり方を変える必要があります。

　といっても、それはそんなに簡単なことではありません。なぜなら、解釈は、本人さえ認識できない一瞬のうちに、ほとんど自動的に頭に浮かんでしまうからです（心理学では「自動思考」などと表現します）。勝手に頭の中に浮かぶ思考を変えるというのは、最近流行のマインドフルネスのように、瞑想修行などをすれば可能かもしれませんが、普通の人が、日常生活の中で実践するのは、容易なことではありません。

　ここで採用する方法は、自動的に浮かぶ思考は仕方ないとして、事後的な努力によって、「バランスのとれた解釈」になるように持っていくというものです。負の解釈に走る自分がいることも認め、その上でそれを克服する努力をする。そうした思考習慣を身につけていれば、負の感情に振り回されることも少なくなると考えています。

【練習メニューの紹介】

「バランスのとれた解釈」への第一歩は、自分がとらわれている「負の解釈」が唯一絶対のものではないことに気づくことです。そこでメニュー❶では、さまざまな「負の解釈」に対し、論理的な反論を試みることで、その「とらわれ」からの脱却をめざします。

その上で行うのは、意識的に「正の解釈」を考える練習です。1つの出来事に対し、負の解釈だけでなく、正の解釈も同時に浮かぶようにすることで、相対的にバランスのとれた解釈の実現をめざすのです。

正の解釈とは、対象に「プラスの意味（価値）」を見出すことであり、メニュー❷では、まずその基礎練習を行います。そして、メニュー❸においては、その成果を活かして、自己の「脅威（不安を生む原因となっているもの）」に価値を与えるという練習に取り組みます。

「バランスのとれた解釈」への練習メニュー

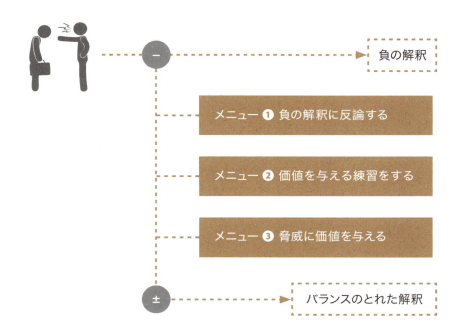

メニュー❶ 負の解釈に反論する

【趣旨】
- 不安に限らず、怒りや悲しみなどの負の感情は、「負の解釈（意味づけ）」と深く結びついています。
- 前述のように、解釈は、本人さえ認識できない一瞬のうちに、ほとんど自動的に頭に浮かんでしまうものであり、解釈に問題があることがわかっていても、そう簡単に改められるものではありません。
- しかし、放置しておいては、いつまで経っても事態は好転しません。ここでは、負の解釈を脱却し、「バランスのとれた解釈」ができるようになるための最初のステップとして、まずは負の解釈に異を唱える練習に取り組んでみることにします。

【練習シートの記入方法】
- 1〜3には、雑用・薄毛・昇進の遅れに対する「負の解釈」によって、「負の感情」に陥っていると考えられる人の心理が記されています。
- 各文章を読み、その人物の「負の解釈」に対する論理的な反論を試みてください。ただの反論ではなく、相手へのアドバイスにもなるような、説得力のある内容をめざしてください（下の「例題の参考解」を参照してください）。
- 参考解を P.158 に示してあります。

【右ページの例題の参考解】
人生の勝ち負けなんて、誰にもわからない。最後にはみんな死んでしまうのだから、全員敗者のようにも思えるし。大学のレベルぐらいで、勝ったとか負けたとか、決まるはずがないじゃないか。

練習問題：負の解釈に反論する

例題　一流大学に受からなければ、人生の敗者になる。不安だ。

1 雑用ばかりさせられている。くだらない仕事だ。イライラする。

2 髪の手が薄くなってきている。
　薄毛はみっともないから、不安で仕方ない。

3 会社の同期の中で、自分だけ昇進が遅れている。みじめだ。

メニュー❷ 価値を与える練習をする

【趣旨】
- バランスのとれた解釈の実現をめざし、ここでは、通常はマイナスの意味で解釈される出来事について、その中にある「プラスの面（価値）」に光を当て、解釈し直すという作業に取り組みます。
- 作業では、右ページに示す「価値を表す言葉」を用います。どんな出来事にも必ずプラスの面（価値）はあるものですが、物事を多面的に考えることに慣れていないと、なかなかそれを表現する言葉が出てきません。「価値を表す言葉」は、応用性の高い言葉であり、使いこなせるようになると、「価値を与える力」が大幅にアップします。ここで使いこなす練習をしてみましょう。

【練習問題の解答方法】
- 1〜3の文章は、どれも、発生した出来事や予測した将来の出来事が、負の感情を生んだ内容になっています。
- それぞれの出来事の中にある「プラスの面（価値）」に光を当て、解釈し直してみてください（価値を与えてみてください）。
- その際には、右ページの6個の「価値を表す言葉」を使用してください。表現の仕方は自由です。※参考解をP.158に示してあります。

【記入例❶】
出来事：いつも難しい仕事ばかり依頼され、腹立たしい
価値を与える：難しい仕事ほど成長できる！
【記入例❷】
出来事：体力の衰えを感じることが多く、気持ちが沈みがちだ
価値を与える：老いという、人生の新たなステージへの挑戦だ

練習問題:「価値を与える」を練習する

「価値を表す言葉」のリスト

充実	成長	貢献
自由と自律	創造と挑戦	心の平穏

1 ミスをして、みんなの前で上司から厳しく叱責された。しばらく立ち直れそうにないほど、落ちこんでいる。

2 旅行に行ったり、友人たちと飲み会ばかりしていた結果、気がつけば貯金がまったくなく、これまでの生活を後悔している。

3 体調がすぐれず、しばらく会社を休み、家で静養することになった。先々のことを考え、不安になった。

メニュー❸ 脅威に価値を与える

【趣旨】
- ここでは、あなた自身の不安の原因となっている将来の脅威（有害な出来事）について、プラスの解釈をする（価値を与える）練習をします。物事のプラス面も見ることで、バランスのとれた解釈となるようにし、脅威を感じる度合を少なくするためです。
- メニュー❷で使った6個の価値を示す表現を、ここでも活用します。

【練習シートの記入方法】
- あなたの不安の原因と考えられる「将来の脅威」を該当欄に記してください（1つの場合はAに、2つの場合はAとBに分けて記入）。
- 6つの「価値を表す言葉」のうち、自分にとって価値があると感じられる言葉を使って、脅威の中にあるプラス面（価値）を表現できないか考えてみてください。言葉はどこかに入ればよく、表現の仕方に制約はありません。
- 6つの言葉でうまくいかない場合は、それ以外の言葉を使って、何とか脅威に価値を与えてみてください。

【記入例❶】
脅威：就活がうまくいかず、小さな会社にしか入れない
価値を感じる言葉：自由と自律
価値を与える：人が少ないから、裁量の自由度は高いな

【記入例❷】
脅威：歳をとって、1人暮らしをする
価値を感じる言葉：創造と挑戦
価値を与える：新しい人間関係作りに挑戦する動機になる

練習シート：**脅威に価値を与える**

価値を表す言葉のリスト

```
充実            成長            貢献
自由と自律       創造と挑戦       心の平穏
```

A	将来の脅威	
	価値を与える	
B	将来の脅威	
	価値を与える	

Column 「見えないもの」を脅威にしてしまった人類

　ヒトの祖先が、ネズミのような小動物であった時代、扁桃体にとっての脅威とは、捕食動物やら毒蛇といった「命に関わる脅威」がメインであったと思われます。さぞ気の休まることのない、過酷な労働の日々であったことでしょう。

　では、そんな脅威に悩まされなくなったいま、扁桃体はヒマになったのでしょうか。そうでないことは、本書で示してきた通りです。なぜなら、扁桃体のすぐ隣では、新しい機能を担う新たな脳部位が次々に誕生し、彼らとの連携により、野性時代とは違う「脅威」を、扁桃体は続々と生み出していったからです。

　なかでも、その後の人類の心の歴史に決定的な影響を与えたのは、前頭前野の「抽象機能」との連携が生んだ脅威でした。たとえば、私たちが人前での失敗を恐れるのは、「恥」という目に見えないものを脅威と感じているからですが、この「恥」という抽象概念は、前頭前野の高度な機能なくしてはありえないものでした。新たに手に入れた高次の脳機能によって、これまでにない、まったく新たな脅威を、ヒトは生み出したのです。

　「目に見えない脅威」は、捕食動物のように、すぐに生き死にには関係しませんが、見方によっては、それ以上に恐ろしい面も持っていました。純粋に思考によって生産されてしまうので、思考回路に変調をきたしてしまうと、無限に生み出されてしまう恐れがあったのです。

　表面的には豊かで平和な日本において、なぜかつてないほど心の病の問題が深刻化しているのか。その理由の一端は、確実にこのあたりにあるように思えてなりません。

練習編

第7章

不安を打ち消す練習

前頭前野を鍛える❷

【準備】第7章の練習内容について

- 「前頭前野を鍛える」ための練習のうち、本章では、後半の「不安を打ち消す練習」を実施します。練習の目的は、前章と同様、前頭前野の誤作動を生むバグを抑え込み、理性的な「平常モード（下図参照）」が保たれるようにすることです。
- 前向きに対策を講じようとする姿勢を阻害し、危機感を不安に変えてしまう「無力化バグ」や、頭の切り替えを許さず、不安を慢性化させてしまう「固執化バグ」の解消が、ここでのテーマとなります（なお、無力化バグには、「思考」「行動」の2種類があるため、練習コースは、右表に示すように、全部で3つとなります）。
- 各コース内にはそれぞれ3つずつの「メニュー」が用意されています。
- 第5章-04「練習内容を定める」の結果も踏まえて、自分にとって必要度の高い練習に、優先的に取り組んでください。

練習によってめざす状態（平常モード）

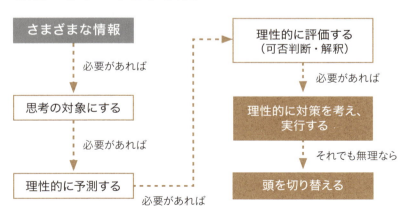

05〜07の練習内容一覧

練習コース	練習の概要/メニュー
05 対策の幅を広げる（無力化バグ・思考）	自分でいたずらに対策の幅を挟めてしまわないよう、予防策や事後策を、幅広い視野から考える練習をします。
	❶ 原因を幅広くとらえる ❷ 対策パターンを増やす ❸「避けたいこと」を克服する
06 自分を動かす（無力化バグ・行動）	対策の実行を先送りする自分の弱さを自覚するとともに、自分で自分を動かすスキルを高める練習をします。
	❶ 弱さを直視する ❷ 自分に先手を打つ ❸ 最初の一歩を考える
07 切り替える力を高める（固執化バグ）	どうしても対策が見つからないとき、いち早く不安を頭から取り除けるよう、頭を切り替える練習をします。
	❶「いま、ここ」で考える ❷「楽しい目標」から考える ❸ 場面ごとに用意する

05 対策の幅を広げる

無力化バグ（思考）は、対策の幅をみずから狭めるという傾向を生み出します。ここでは、このバグを抑え込むための思考練習に取り組みます。

「幅を狭めるもの」の正体を知り、取り除く

　将来の脅威（有害な出来事）の中には、脳が勝手に作り出すものもありますが、もちろん現実に対処しなければならないものもあります。ここでは、こうした脅威に対して、幅広い観点から、有効な対策が打ち出せるようになることをめざして、練習を進めていきたいと思います。

　「対策」には、事前の予防策と、事後策の2つがあります。

　予防策が重要なことは言うまでもありません。適切な予防策によって、脅威自体が発生しない（もしくはその影響がごく軽微と予測される）ことになれば、不安を感じる必要がないからです。

　しかし、予防策がなければ、それで終わりかというと、そんなことはありません。「有害な出来事」が発生した場合に備えて、「事後策」を用意しておくことも、とても大切なことです。「起こったら起こったで、何とかなるさ」。そう思えれば、不安はかなり軽減することができます。

　この2つの対策を、幅広く見出す力があれば、不安に苦しめられる度合は大きく低下しますが、無力化バグ（思考）の強い人の場合、みずから対策の幅を狭めてしまう傾向などもあって、なかなかうまくいかず、どうしても不安を抱えることになりがちです。

　「対策を考える」は、現実世界の問題解決を扱う、リアルな知的作業であり、他の練習のような、「意識転換を促進する」タイプのものとはすこし趣が異なります。ここでは、対策パターンのリストを提示するなど、実用性を強化した内容としていますので、すこし腰を据え、リアルに自分自身の不安に向き合っていただければと思います。

【練習メニューの紹介】

　まず最初に、事前の予防策を幅広く考える練習を行います。対策を幅広く考えるには、有害な出来事を生み出す「原因」を幅広く認識する力が必要であり、まずはその練習に取り組みます（メニュー❶）。

　次に、予防策と事後策の双方に関わることとして、「対策のパターン」を増やす練習をします。人はどうしても、手慣れたパターンの対策ばかりを思い浮かべがちです。対策の幅を広げるため、ここでは多様な対策パターンを視野に入れて考える練習をします（メニュー❷）。

　そして最後に、予防策や事後策の幅をいたずらに狭めてしまう、あなた自身の思考傾向（クセ）を理解する診断を実施します。対策の幅を広げるためのヒントになるはずです（メニュー❸）。

「対策の幅を広げる」ための練習メニュー

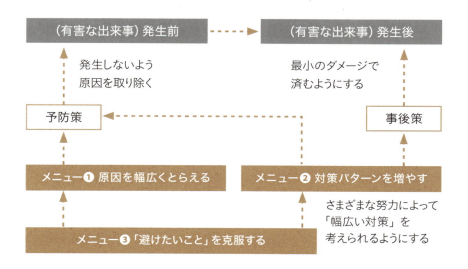

メニュー❶ 原因を幅広くとらえる（予防策）

【趣旨】
- ここでは、事前の予防策の幅を広げる練習を行います。
- 適切な対策を考えるための基本は、しっかりとした原因分析ですが、最初から特定の事柄を原因と決めつけてしまうために、対策の幅を狭めているケースが多々見受けられます。
- 下の例に示すように、原因を「より広く」「より深く」考えることで、対策の幅は見違えるように広くなります。
- あなたが「将来の脅威」への対策を考える際にも、この原則は必ず当てはまります。ここで、しっかりと原因分析をやってみましょう。

「広く・深く原因を考える」の例

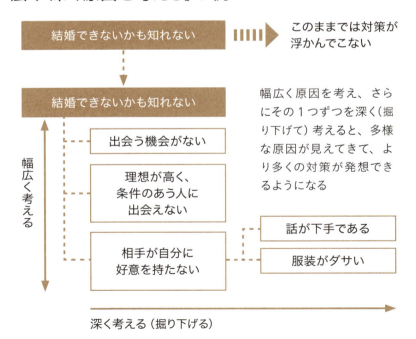

練習シート：原因を幅広くとらえる

【記入方法】
- あなたの不安の原因となっている将来の脅威（有害な出来事）はどのようなものですか。その内容を記してください。
- 脅威が現実のものになるとすれば、その原因としては何が考えられますか。前ページの例にならい、「広く」「深く」原因を考えてみてください。

※とくにこのシートを使う必要はありません。白紙を用意し、まずは頭に浮かんだことを書き出し、後からその内容を整理するという方法がお勧めです。

メニュー❷ 対策パターンを増やす（予防策・事後策）

【趣旨】
- 有効な対策（予防策と事後策）を生み出す能力の高い人は、あらかじめ頭の中に「対策パターン」を多く持っています。いわば対策を生み出すための「発想のタネ」が頭の中にたくさんあるのです。
- ここでは、次々ページの「対策パターンのリスト」を活用して、パターンに関する知識を増やすとともに、対策発想の練習を行います。

【練習シートの記入方法】
- あなたの不安の原因となっている将来の脅威（有害な出来事）はどのようなものですか。その内容を記してください。
- 脅威が現実のものになるとすれば、その原因としては何が考えられますか。その主な原因を2つ記してください。
- 原因を踏まえて、以下の手順で、脅威の発生を防ぐ対策（予防策）と発生した場合の対策（事後策）を、できるだけ多く考えてみてください。

1 P.136の「対策パターンのリスト」の中から、対策に活用できそうなキーワード（対策パターンを示す動詞）を見つけ出してください。
2 このキーワードを活かし、具体的な対策を発想してください。

【記入例】

将来の脅威：老後破産をする

原因：A：貯金がまったくできない
　　　B：現在の会社の定年後、働く先が見つからない

対策：A：記録する・管理する➡出費をこまかく把握する
　　　　習慣を変える➡飲酒・喫煙をやめて貯金に回す
　　　B：人脈を作る➡中小企業の社長と知りあう機会を作る
　　　　こだわりを捨てる➡業種を限定しない

練習シート：対策パターンを増やす

将来の脅威	
原因	

	キーワード	キーワードを活かした具体的な対策
対策		

【参考】対策パターンのリスト（予防策と事後策）

予防策❶ 人間関係に関わる対策パターン例

目的区分	対策パターン（例）
関係を深める	相手の情報を集める
	会う機会を作る
	話を聞く・質問をする
	率直な話をする
	謝る
	一緒に何かをする
	相手を支援する
依頼をする	きちんと依頼内容を伝える
	かけあう（依頼内容を調整する）
依頼に対応する	必要な質問をする
	断る・はっきりと伝える
関係を停止する	会わないことを伝える
	会うことを避ける

予防策❷ 仕事に関わる対策パターン例

目的区分	対策パターン（例）
ミス・失敗をしない	指示を正しく把握する
	繰り返しチェックをする
	「どこまでやるか」を調整する
	必要な資源（時間や予算など）を確保する
	無理なものは断る
成果を出す	観察する・記録する
	原因を探る
	変える・新しいことをする
	減らす・絞り込む
	やめる
	優先順位を決める
組織に働きかける	提案する
	交渉する
	支援を求める
	同志を募る

予防策 ❸ 生活・人生に関わる対策パターン例

目的区分	対策パターン（例）
全体を把握する	記録する・管理する
	リストを作る
	予定表を作る
	役割を整理する
改善を進める	まとめる・1回で済ませる
	同時並行で進める
	時間を短縮する
	1つに絞る
	習慣を変える
	こだわりを捨てる
	整理する・片づける
	新タイプのものにする（買う）
	破棄する
	シェアする
	サービスを利用する
	支援を受ける（私的）
	支援を受ける（公的）
将来に備える	情報を集める
	専門家・機関に相談する
	計画を立てる
	知識を増やす・スキルを高める
	資金を貯める
	人脈を作る

事後策のパターン例

状況区分	事後策パターン（例）
失敗した	同じ方法でやり直す
	他の方法でやってみる
	あきらめる・別の道を探す
	失敗と解釈しない（違うメリットを考える）
迷惑をかけた	謝る
	償う
窮地に陥った	専門家に相談する
	他人の支援を求める
	公的な支援を受ける

メニュー❸「避けたいこと」を克服する

【趣旨】
- 私たちは、仮によい対策案を考えても、それをしたくない（避けたい）という理由で、候補から外してしまうことがよくあります。つまり、情緒的な理由で、みずから対策の幅を狭めてしまうのです。
- この簡易診断は、自己の傾向（どんなことを避けようとするか）を把握するためのものです。予防策や事後策を考える際に、「悪癖」によって対策の幅を狭めないよう、自己改善のツールとして活用してください（➡ 右ページの「作業の進め方・記入方法」へ）。

ステップ❶ 簡易診断でチェックをする

質問番号		まったく当てはまらない	あまり当てはまらない	ある程度当てはまる	よく当てはまる	区分の合計点	区分の記号
1	他人に自分の考えをはっきりと言えない	4	3	2	1		A
2	嫌なことでも、頼まれると断れない	4	3	2	1		
3	プライドが高く、人に弱みを見せないタイプだ	4	3	2	1		B
4	人に頼むより、自分でやってしまうほうが楽だと感じる	4	3	2	1		
5	集団で活動することを好まない	4	3	2	1		C
6	人とのつき合いは面倒だと感じる	4	3	2	1		
7	新しいことへの挑戦を好まない	4	3	2	1		D
8	ミスや失敗を恐れる傾向が強い	4	3	2	1		
9	協調性が高く、集団の和を大事にする	4	3	2	1		E
10	周囲の人が嫌がる行動を避ける	4	3	2	1		
11	恥ずかしがり屋である	4	3	2	1		F
12	他人の目をいつも意識している	4	3	2	1		

【作業の進め方・記入方法】

ステップ❶ 簡易診断の該当数字に○をつけ、区分ごとの合計得点を出してください。その上で高得点の区分を1～2つ特定してください。

ステップ❷ 表で、高得点区分の説明を読み、自分がどんなことを「避けたい」と思っているかを確認してください。

ステップ❸ これまでの自分の行動を振り返り、その区分に関して、思い当たることや今後努力すべきと思うことがあれば書いてください。

ステップ❷「避けたいことのリスト」で確認する

人との関わり	A	断る・はっきりと言う	相手に明確に自分の意思を伝える
	B	頼む・頭を下げる	やってほしいことを、率直に他人に頼む
	C	人と一緒に動く	問題解決のために、進んで他人と協力しあう
不慣れな行動	D	新しいことをする	経験のないことに取り組む
	E	強引に進める	周囲との摩擦を気にせず、自分の考えで動く
	F	格好の悪いことをする	恥ずかしいことも、人目を気にせずに行う

ステップ❸「思い当たること／努力すべきこと」を書く

とくに高得点の区分	思い当たること・努力すべきこと

06 自分を動かす

無力化バグ（行動）は、対策の実行をいたずらに先送りするという傾向を生み出します。ここでは、このバグを抑え込む思考練習に取り組みます。

「心の弱さ」を、自力で克服する

　対策（ここでは予防策を意味します）を考えることができれば、あとは実行あるのみ……のはずです。しかし、事はそう単純ではありません。私たちの心の中には、嫌なこと、面倒くさいことなどを避けようとする「心の弱さ（無力化バグ）」があり、そう簡単に実行には至らないのです。

　実行を先送りさせてしまう「心の弱さ」には、大きく分けて3つあると考えています。1つは、実行する主体である自分の能力に対する自信のなさ。もう1つは、自分の判断（つまりは対策）に対する自信のなさ。そしてもう1つは、動かない自分を許してしまう「自分に対する甘さ」。これらが絡み合い、実行へのエネルギーを低下させてしまうことが、実行の先送りという事態を生むことになります（右図参照）。

　先送りは本人の勝手なのですが、それで事態が改善されるはずもないので、当然のことながら、時間が経つと、また不安にとらわれるようになります。また、行動を起こさないので、行動によって不安感が軽減されることもなく、ストレスフルな状態が続くことになります。これでは、どんなによい対策を考える力があっても、何の意味もありません。

　ここでめざすのは、いろいろ理由づけして対策を先送りしようとする自分、言い換えれば「弱い自分」を直視し、それを自力で克服することで、「積極的に行動する自分」へと進化していくことです。

　心の中にある「弱さ」に立ち向かい、これを変えることのできるのは、あなただけです。自分自身の生き方にも関わるテーマなので、ぜひ正面から取り組んでみてください。

【練習メニューの紹介】

　最初に行うのは、「自分の弱さ」と向き合うことです。自分のどういう「弱さ」が、対策の実行を先延ばしする原因となっているかを、簡易診断テストで明らかにし（メニュー❶）、その上でそれを乗りこえるための練習（自分に先手を打つ）に取り組みます（メニュー❷）。

　さらにメニュー❸では、対策の実行に向けて「最初の一歩」を考える練習を行います。行動意欲を高めるには、すぐに実行可能な「最初の一歩」を見出すことがとても重要だからです。

　練習を積み、日常生活の中でも、こうした行動重視の考え方が実践できるようになれば、不安の解消に大きく近づくはずです。

「自分を動かす」ための練習メニュー

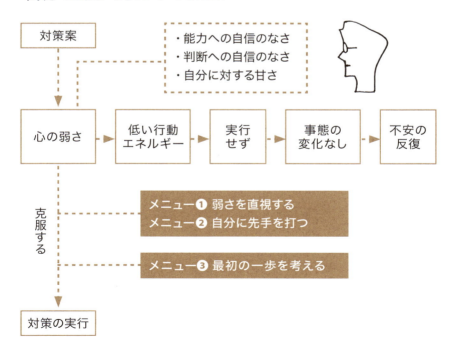

メニュー❶ 弱さを直視する

【趣旨】
- せっかく考えた対策も、実行しないことには何の意味もありません。
- 行動を妨げているのは、あなた自身の「心の弱さ」であり、この「弱さ」を放置したままでは、前に向かって動き出すことができず、いつまでも不安を抱えることになってしまいます。
- ここでは、簡易診断によって、あなた自身の「心の弱さ」を把握し、今後、どのような努力をすべきか、その方向性を確認してみてください（➡右ページの「作業の進め方・記入方法」へ）。

ステップ❶ 簡易診断でチェックをする

質問番号		まったく当てはまらない / あまり当てはまらない / ある程度当てはまる / よく当てはまる	区分の合計点	区分の記号
1	周囲の人より、自分は劣っていると感じる	4 3 2 1		A
2	自分は不器用だと思うことが多い	4 3 2 1		
3	これと言って、他人に自慢できる能力がない	4 3 2 1		
4	難しい仕事は、自分には無理だと感じる	4 3 2 1		
5	決断力が弱く、自分で物事が決められない	4 3 2 1		B
6	自分の意見を、自信を持って人にアピールできない	4 3 2 1		
7	他人の意見に影響されやすい	4 3 2 1		
8	人の指示がないと、何をしていいかわからないことが多い	4 3 2 1		
9	「忙しい」が口癖になっている	4 3 2 1		C
10	仕事や勉強を途中で投げ出すことが多い	4 3 2 1		
11	時間にルーズな面がある	4 3 2 1		
12	嫌なことは、いろいろ理屈をつけて避けることが多い	4 3 2 1		

【作業の進め方・記入方法】

ステップ❶ 簡易診断の該当数字に〇をつけ、区分ごとの合計得点を出してください。その上で高得点の区分を1〜2つ特定してください。

ステップ❷ 表で、高得点区分の説明を読み、自分がどんな「心の弱さ」を持っているか、その傾向を確認してください。

ステップ❸ これまでの自分の行動を振り返り、その区分に関して、思い当たることや今後努力すべきと思うことがあれば書いてください。

ステップ❷「心の弱さのリスト」で確認する

A	能力への自信のなさ	自分の能力に自信が持てないために、物事に前向きに取り組むことができない
B	判断への自信のなさ（対策への確信のなさ）	自分の判断に自信が持てず、思い切った動きができない（過度に慎重になる）
C	自分に対する甘さ	自分の怠惰さを許してしまうため、困難なことへの取り組みを回避してしまう

ステップ❸「思い当たること/努力すべきこと」を書く

とくに高得点の区分	思い当たること・努力すべきこと

メニュー❷ 自分に先手を打つ

【趣旨】
- メニュー❶の考察結果を踏まえて、ここでは「心の弱さ」を越え、自分を動かす練習に取り組みます。
- 取り組むのは、対策の実行を妨げる心理が働かないよう、「自分で自分に先手を打つ」練習です。具体的には、将来のある場面（実行を避けようとする場面）を想像し、その場面で、実行を促すために自分に対してかける言葉（下例参照）を考えてみます。
- 実行を避けようとするとき、私たちは心の中で、逃避を正当化しようと「言い訳」をします。この「言い訳」を打ち破るような強烈なメッセージを見出せるか。この先の人生での行動力を高めるために、自分の心に強く響くメッセージを考えてみてください。

自分にかける言葉の例

1 能力に自信がない人の場合
- できるもできないも、やってみないとわからないぞ
- 能力がないんじゃなく、勇気がないだけだろ
- 自分の能力を決めつけて、何の得があるの？

2 判断に自信がない（対策に確信が持てない）人の場合
- たまには自分の判断を信じてみたら？
- ダメだと決めつける判断力はあるの？
- 次の手を打つためにも、まずこれをやるしかない

3 自分に対して甘い人の場合
- できることだけでも、やればいいじゃないか
- 相変わらず、逃げてるね（笑）
- 残念だね、その姿勢

練習シート:自分に先手を打つ

【記入方法】
- あなたの不安の原因となっている将来の脅威(有害な出来事)について、その対策(予防策)を1つ考え、「対策内容」の箇所に記入してください。
- 対策を実行するにあたり、あなたは心の中でどんな「言い訳」をして、これを避けようとすると思いますか。メニュー❶の結果(心の弱さの傾向)を踏まえて、具体的な言い訳の内容を考え、該当欄に記入してください。
  例:「自分のコミュニケーション能力では、そんなことは無理だ」
- この言葉を発するときの自分、すなわち「実行を避けようとする自分」に対して、その考えをあらためさせるために、何か言葉をかけてみてください。自分の心に響き、考えを変えさせるだけの言葉を思いつくまで、粘り強く考えてみてください(前ページの「自分にかける言葉の例」を参考のこと)。

対策内容	
言い訳の内容	
自分にかける言葉	

メニュー❸ 最初の一歩を考える

【趣旨】
- 行動力を高めるコツは、とてもシンプルです。先送りの言い訳ができない「いまできること」を考え、それを確実に実行する。それだけです。逆にいえば、「いまできること」を見出す力が弱いと、行動力を高めることは難しいということになります。
- ここでいう「最初の一歩」とは、「いまできること」を意味します。「条件がそろえばできる」ではない、「無条件にすぐできる行動」。ここでは、それを見出す力の強化をめざします。

【練習シートの記入方法】
あなたの不安を生み出している将来の脅威(有害な出来事)に関して、その予防に向けた「最初の一歩」を、以下の流れで考えます。
❶「将来の脅威(有害な出来事)」の内容を簡単に記してください。
❷ 05(対策の幅を広げる)での検討結果も踏まえて、脅威への対策(予防策)のうち、重要なものを1つ記してください。
❸ ❷の対策を実現するには、具体的にどのような行動が必要となるか、できるだけたくさん列挙してください。
❹ ❸の中で、最初にやるべき行動を1つ選んでください。この行動がすぐに実行可能であれば❻へ進んでください(これが「最初の一歩」となります)。すぐに実行可能でない場合には❺に進んでください。
❺ ❹の行動を起こす前にやっておく必要のある行動を考え、「すぐにできる行動」を見出してください(これが「最初の一歩」となります)。
❻ ❹または❺で特定した「最初の一歩」に関して、いつまでに(期限)・どこまで(目標水準)を記してください。

練習シート：最初の一歩を考える

1	
2	
3	
4	
5	
6	

07 切り替える力を高める

固執化バグは、「気持ちが切り替えられない」という傾向を生み出します。ここでは、このバグを抑え込むための思考練習に取り組みます。

行動に集中して頭を切り替える

　どんなに対策を講じても、不安をゼロにすることはそう簡単なことではなく、いつでもどこでも、私たちは不安に襲われる可能性があります。心の中で「考えまい」と思っても、というか思えば思うほど、脳は「将来の脅威」に注意を向けさせ、そこから不安への道が再び始まるのです（固執化バグの強い人とは、こうした傾向の強い人といえます）。

　この「悪しき状態」を抜け出す方法は、基本的には1つしかないと考えています。それは「行動する」ことです。

　脳はそんなに器用ではなく、1つのことに関心が向くと、それ以外のものには関心がいかなくなるという性質を持っています。「行動する」とは、言い換えれば、「いまそこにある外の世界」に集中することであり、不安から脳の関心をそらすには、最適なのです（実際、ずっと抱えていた不安やモヤモヤした気持ちが、忙しくしていたら霧散してしまったという経験は、誰でもあると思います。もしかすると、脳の不器用さと忘れっぽさが、最後にヒトを救うものなのかもしれません）。

　この「行動を活用した切り替え」は、自分自身の意思によって行うものであり、それなりに「心構え」と「スキル」を要します。天性でできてしまう「切り替え上手」の方も、もちろんいると思いますが、他人への依存性の高い人など、自分で行動を考えた経験の少ない人の場合は、それなりに練習をしないと、なかなかうまくできません。

　ここでは、「切り替え上手」になることをめざして、右ページに示すような練習に取り組みます。

【練習メニューの紹介】

　ここでは、心を行動へと向けるトレーニングを集中的に行います。

　まず最初に、マインド・ワンダリングと呼ばれる「心ここにあらずの状態」を抜け出すための練習として、目の前の現実に集中する練習（「いま、ここ」で考える）に取り組みます（メニュー❶）。

　続くメニュー❷❸では、「切り替え行動の準備」を行います。あらかじめ「切り替え行動」を準備しておくことで、いつでもどこでも、スムーズに頭が切り替えられるようにするためです。

　メニュー❷では、自分が本当に取り組みたい「楽しい目標」をまず考え、そこから切り替え行動に落とし込む練習をします。次にメニュー❸では、日常のさまざまな場面を念頭において、自分にとって有効性の高い「切り替え行動」を考える練習に取り組みます。

「切り替える力を高める」ための練習メニュー

行動しない ➡ 不安が発生しやすい状態が続く

- メニュー❶「いま、ここ」で考える
- メニュー❷「楽しい目標」から考える
- メニュー❸ 場面ごとに用意する

行動への集中
↓
不安の回避

行動に集中だ！

メニュー❶「いま、ここ」で考える

【趣旨】
- 目の前の現実に集中し、理性的な思考でこれに対処する。人が生きていくための基本といえますが、実際は必ずしもそうではありません。モヤモヤした気分の「心ここにあらずの状態」になっている時間のほうが、むしろ長かったりします（心理学では、この状態をマインド・ワンダリングと呼びます）。
- ワンダリング状態では、根拠のない予測に頭がいくことも多く、不安が生まれやすくなります。したがって、できる限り早く停止し、本来の「理性的思考」が展開される状態に戻さねばなりません。
- 「いま、ここ」という言葉は、ワンダリング状態から理性的思考へと頭を切り替える（集中力を取り戻す）ための、「かけ声」のようなものです。練習することで、「集中する力」を高めましょう。

【練習問題の解答方法】
- 1〜3の文章は、ある営業マンに起きた出来事を記したものです。
- こうした出来事が起きたとき、通常、どんなことを考え、どんな気持ちになることが多いでしょうか。「陥りがちな思考や感情」をa欄に記してください。
- 上記の方向にいかないためには、眼前の現実に目を向け、「いまここで何をすべきか」を考え、それを実行することが大切です。1〜3について、集中すべきことを考え、b欄に記してください。複数の行動でもかまいません。※P.158に参考解が示してあります。

> 【記入例】
> 出来事：お客さんと商談をしているが、相手の話が長い
> 陥りがちな思考や感情：くどくてうっとうしいなあ…
> 集中すること：何が必要なのかを、徹底して聞き出す

練習問題:「いま、ここ」で考える

1 上司から依頼された資料を5時間かけて作った。上司に持っていったところ、「その資料はいらなくなった。別資料を作成してくれ」と言われた。

a 陥りがちな 思考や感情	
b いま、ここで 集中すること	

2 明日重要なプレゼンに臨まねばならない。失敗すれば、今期の目標達成はほぼ不可能となり、上司から強く叱責されることになる。

a 陥りがちな 思考や感情	
b いま、ここで 集中すること	

3 X商事からの受注獲得に失敗した。

a 陥りがちな 思考や感情	
b いま、ここで 集中すること	

メニュー❷「楽しい目標」から考える

【趣旨】
- メニュー❶で説明した、不安につながりやすい「心ここにあらずの状態（マインド・ワンダリング）」は、目先にやることがなく、目的意識が途切れた状態、いわば「空白状態」において発生しやすくなります。
- このことを踏まえると、「不安への思考」を防ぐには、「いかにして空白状態を作らないか」がポイントということになります。
- 「空白状態」を作らないために、ここで用いる方法は、あらかじめ、いつでもどこでも取り組めるような目標を自分で用意しておき、「空白状態」が始まると同時に、目標達成のために必要な行動（切り替え行動）に移れるようにするというものです（目標達成と不安回避の両方が実現できるので、一石二鳥です）。
- 目標の内容は自由ですが、積極的に取り組めるものであるためには、自分の価値観に合致していて、自分で「楽しい」と思えることが理想です。04で紹介した「価値を表す言葉」なども参考にして、自分にとっての「楽しい目標」をここで考えてみましょう（下例参照）。

「楽しい目標」の例（価値を表す言葉と連動させたもの）

価値を表す言葉	楽しい目標（例）
充実	最新技術の情報を蓄積する（毎日1件）
成長	ある商品について、社内でいちばん詳しくなる
貢献	家族との外出プラン（月1回）を考える
自由と自律	起業プランを30個考える
創造と挑戦	新商品アイデアを20個考える
心の平穏	料理のレパートリーを増やす（50種）

練習シート:「楽しい目標」から考える

【記入方法】
- 前ページの一覧表に示す「価値を表す言葉」のうち、自分が大切にしたいと思うものを選び、「重視する価値」の欄に記してください(2つあれば、AとBに分けて記入してください)。
- 前ページの「例」を参考にして、「重視する価値」にマッチした「楽しい目標」を考えてみてください。「やってみたいと心から思えること」「すこし頑張れば何とかなりそうと思えること」が、よい目標の条件となります。
- その目標を達成するために、「その気になればいつでもできること」を考えてみてください。これがあなたの「切り替え行動」となります。
  例:起業プランを30個考える➡ネットで新ビジネスのリサーチをする

目標A	重視する価値	
	楽しい目標	
	切り替え行動	

目標B	重視する価値	
	楽しい目標	
	切り替え行動	

メニュー❸ 場面ごとに用意する

【趣旨】
- 不安はいつ、どこで始まるかわかりません。通勤中の電車の中かもしれませんし、仕事中かもしれませんし、家でくつろいでいるときかもしれません。一瞬でも目の前の現実に対する集中力が低下すれば、再び不安の波に襲われる可能性があります。
- このとき、自分に適した効果的な「切り替え行動」を持っていれば、意識をそちらに持っていくことで、頭を切り替えられる可能性があります。しかし、個々の「切り替え行動」には、それなりに TPO というものがあり、状況によっては実行できないこともあります。
- ここでは、右ページの「行動例のリスト」を活用して、場面に応じた「切り替え行動」を考える練習を行います（あらかじめ、「こういうときにはこうする」というルールを決めておくということです）。自分自身の「心の自衛策」として考えておくことをお勧めします。

【練習シートの記入方法】
- シートの左側には、4 つの場面に分け、その場面において可能な行動が列挙されています。下記の 2 点を基準にして、この中から「切り替え行動」としての適性が高いと思うものを選び、□欄にチェックをしてください。
  A：その行動が好きである
  B：これまでの経験から、気分転換効果が大きいと感じている
- 上記で選んだものを参考にして、今後、不安へと思考が向かっていきそうなときに行う「切り替え行動」を、4 つの場面ごとに具体的に考え、右側の欄にできるだけ多く列挙してください。

練習シート：場面ごとに用意する

場面ごとの行動例のリスト	「切り替え行動」にしようと思うこと
A 通勤・通学中にできること ☐ スマホで情報を見る ☐ 新聞や雑誌を読む ☐ 勉強をする ☐ ゲームをする ☐ SNSをする	
B 仕事中にできること ☐ コーヒーを飲む ☐ 深呼吸・ストレッチをする ☐ 会話をする ☐ ネットを使う ☐ ノートでやるべきことの整理をする	
C 家でできること ☐ テレビを見る ☐ 体操をする ☐ 料理をする ☐ 皿を洗う ☐ 部屋の片づけ・掃除をする ☐ 入浴する・シャワーを浴びる ☐ 小説を読む ☐ 趣味に没頭する（例：プラモデル作り）	
D 休日などにできること ☐ 散歩をする ☐ スポーツをする ☐ 買物をする ☐ 友人と会う ☐ 家族で出かける	

【参考】「老後問題」とどう向き合うか？

現在の日本社会の最大の不安は、「老後問題」といってよいと思います。ここでは、この問題にどう向き合うかを考えてみます。

「無限」から「有限」に切り替えて考える

　老後の不安の特徴は、裾野の広さにあります。いまこの国に生きていれば、強弱の差はあれ、誰もが確実に感じる不安なのです。

　私たちはいつまで生きるかわかりません。したがって、お金がいくらかかるか、逆にいくらあれば安心なのかを、明確に定めることができません（そもそも肝心の年金にしても信頼できません）。仮にお金の問題がない場合でも、健康状態は見通せませんし、身体が不自由になったとき（あるいは認知症になったとき）、長期にわたって親身の介護が受けられると確信できる人は、そう多くはいません。つまり、「有害なことが起こる可能性があるのに対処法がわからない」という不安の要件を、嫌というほど満たしているので、誰もが不安を避けられないのです。

　したがって、対策は容易ではないのですが、それでもやってみるべきことはあります。それは問題を「有限化する」ということ、簡単にいえば「いつまで生きるかわからない」ではなく、「〜歳まで生きる（逆にいえばそれ以上はないものとする）」という前提で考えてみるということです。

　これならば、それまでにかかるお金も有限のものとして試算できますし、介護の問題などもそれなりにメドは立ってくるはずで、必要な準備（対策）へと進んでいくことができるはずです。そして準備に移ったら、あとは頭を切り替える（意識から外す）のみです。

　100歳までの備えを考えると、次は110歳までの心配をするようになる。それが人間というものであり、際限がありません。終わりを定めて、具体的な準備に入る。老後問題は、それしか向き合いようがないのです。

「老後問題」とどう向き合うか？

「老後問題」は、他の問題とは性格を異にしている（下図参照）
➡ その「性格」を踏まえて、向き合い方を考える必要がある

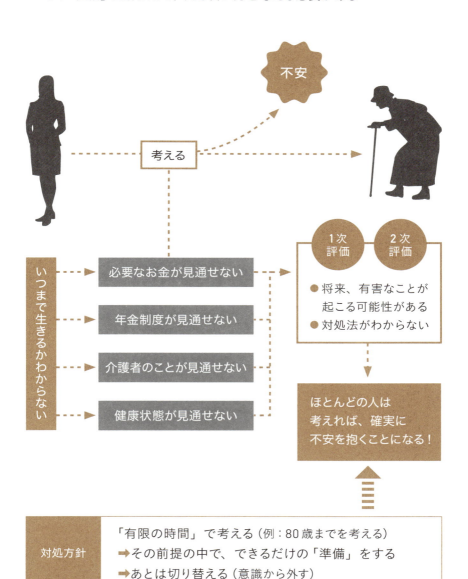

【練習問題の参考解】

第6章・第7章の「練習問題」につき、以下に「参考解」を示します。
※あくまで「参考」であり、1つの見解として提示するものです。

02- ❶ (P.105)
1 Bさんにしつこく話しかけられた
2 Dさんに無視をされた
3 後輩が自分に逆らった
4 店員にぞんざいな対応をされた（無礼な対応をされた）

03- ❶ (P.113)
1 メイクは、人の見ていないところでやるべきだ（女性は恥じらいの気持ちを持つべき）
2 サービス業者は、常に顧客に対して丁寧な対応をすべきだ
　（サービス業者は、顧客に対して常に敬意を払うべきだ）
3 人前で失敗することは避けたい

04- ❶ (P.121)
1 仕事の本質がわかっている人は、雑用をくだらないとは絶対に思わない。本質を理解するためのトレーニングとして、雑用はあるんだよ
2 歳をとれば身体も変化する。人間であれば当然のことだ。それをみっともないと考えていたら、人生そのものに意義がないことになるよ
3 昇進のために仕事をしてきたのなら、それはつらいだろうね。でもそうじゃないのなら、別にどうでもいいことじゃないの？

04- ❷ (P.123)
1 このミスはもう二度としないだろう。成長できたな
2 お金で、楽しい、充実した時間を買ったのだ（お金を使うことは、最大の社会貢献だ）
3 自由な時間がずいぶんある。本を読んで成長のチャンスにしよう
　（この時間で、新商品アイデアでも考えて、次の挑戦に備えよう）

07- ❶ (P.151)
1 a…相手の身勝手さに腹を立てる（やっていられないよ！）
　b…別資料の内容について、上司の期待することを詳しく聞こう
2 a…叱責はつらい。たまらなく不安だ……
　b…プレゼン内容をもう一度検討してみよう（もう一度リハーサルをやってみよう）
3 a…悔しい。X商事が憎い。上司から叱られそうで不安だ（など）
　b…次に活かすため、失敗した理由を明確にしておこう
　　（再トライの可能性がないか先方に確認しよう、次の案件を探そう）

練習編

第8章

扁桃体を穏やかにする

最新脳科学の知見を活かして

01 扁桃体にメッセージを届ける

「扁桃体を穏やかにする」ために、私たちはどんな努力をすればいいのでしょうか。第4章で、ある程度説明したので、繰り返しになる部分もありますが、基本となる考え方を説明します。

「安心していいよ」を扁桃体に伝える

　扁桃体が興奮しやすい性質を持っているのは、その進化過程を考えれば、ごく当然のことのように思われます。周囲に捕食動物や毒蛇がうようよいる中、おっとりとした性質では、一瞬のうちにやってくる危機に、対応することなど、到底できなかったのです。

　このような由来を持つ扁桃体を穏やかにするために、私たちがやるべきことは、基本1つしかありません。それは、扁桃体に対し、いま「脳の持ち主」の暮らしている環境が、そんな危険なものではないことを、教えてあげることです。「もうそんな時代じゃない。そんなに興奮しなくていいんだよ」「安心していいんだよ」というメッセージを送ってあげること。

　とはいえ、脳内にいる扁桃体にそのメッセージを届けることは、そう簡単なことではなさそうです。いったいどうすればいいのでしょうか。

　まず、大前提として、現実の生活環境が穏やかである必要があります。問題の多い、脅威だらけの生活環境の中で、「いまはそんな時代じゃない」と言ったところで、説得力がありません。ゼロにするのは不可能にしても、それなりに平穏な状態にあるように、改善しなければなりません（改善の考え方については07を参照ください）。

　ただ、環境改善は容易なことではありませんし、また仮にそれが実現できたとしても、メッセージがきちんと扁桃体に伝わるかどうかはわかりません。よりダイレクトに、誰もが気軽にできる「メッセージの送り方」があれば、それに越したことはないはずです。

「脳の制御メカニズム」を活用

　扁桃体を穏やかにするための方法として、本書が提案するのは、脳の制御メカニズムを活用して、より確実に扁桃体に「安心していいよ」のメッセージを届けるという方法です。

　といっても、相手は扁桃体。言葉を解するはずもないのですから、メッセージを送るといっても、普通とはちょっと違います。次ページ以降にその詳細を示しますが、扁桃体に影響を与える脳部位に、さまざまな刺激を与え、その脳部位経由で、扁桃体に「興奮しなくていいよ」「安心していいよ」のメッセージを送るというのが、ここでの方法となります。

　もちろん、その効果は必ずしも十分ではないかもしれません。しかし、その気にさえなれば、いますぐ、誰でも気軽に実行できる方法なので、ぜひとも試してみていただければと思います。

扁桃体に「安心メッセージ」を届ける

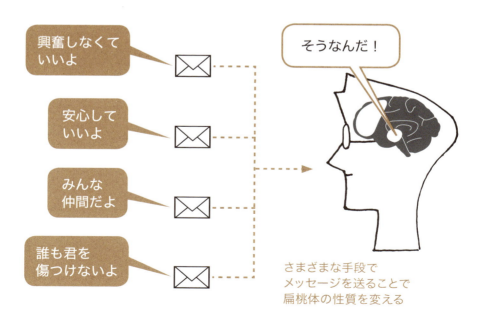

さまざまな手段でメッセージを送ることで扁桃体の性質を変える

02 さまざまなルートと手段

01 で「脳の制御メカニズムを活用して扁桃体にメッセージを届ける」と述べました。その方法の概要を、ここで説明します。

多様な脳部位を通じて働きかける

　脳科学の進化はめざましいものの、それでも脳はやはりブラックボックス。わからないことだらけというのが現実です。しかし、「扁桃体にメッセージを届ける」ことに活用できそうな脳内の制御メカニズムに関していえば、近年、かなりのハイペースで明らかになってきています。

　たとえば、別名「幸福ホルモン」と呼ばれるオキシトシンの作用などは、その代表例といえます。自律神経の中枢・視床下部から分泌されるこの物質は、扁桃体の興奮を抑えることがわかっています。言い換えれば、扁桃体に対して、「大丈夫だよ」「安心していいよ」というメッセージになる可能性があることを意味します（詳しくは 05 を参照）。

　視床下部のように、扁桃体に対し、その興奮を抑えるように機能する部位は、他にもいろいろあることが、最近の研究でわかってきています。また、そうした中には、ごく簡単な刺激で、活動を開始する部位があることもわかってきています（オキシトシンに関していえば、「触れるだけ」でよいとされています）。つまり、手軽なメッセージ・ルートが、次第に明らかになってきているということです。

　右ページの図には、その代表的な部位を挙げ、どのような刺激がその活動を促すかを示してあります。もちろん、部位に関しても、刺激に関しても、これ以外にまだまだあるはずですが、生活の中ですぐに可能なものとしては、それなりにカバーできていると思われます。

　このあと、03 〜 06 では、その 1 つひとつについて、具体的にどんなことをすればいいかを含めて、解説していきます。

主なメッセージ・ルートと「適切な刺激例」

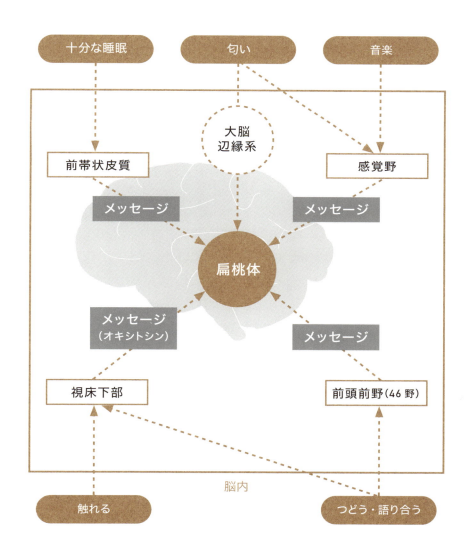

03 穏やかにする❶ 十分な睡眠

睡眠の重要性は、すでに広く知られていますが、扁桃体の活動にも大きな影響を与えることが、最近の研究でわかってきました。

睡眠という重要な「安心メッセージ」

　不安なことがあるときなどに、よく「夜も眠れない」という表現を用います。ヒトにとって、睡眠がよくとれる状態というのは、日々の生活が穏やかで充実していることの証拠だと言ってもいいかもしれません。

　その一方、因果関係は逆転しますが、「よく眠ったから心穏やかである」という側面もあるような気がします。悩みごとを抱えていたが、一晩ぐっすり寝たら、何とかなるような気がしてきて、前向きな行動姿勢に転ずることができた。そんな経験をした方も多いと思います。

　これは1つの仮説ですが、「良質な睡眠」は、扁桃体に対する、重要な安心メッセージなのではないでしょうか。扁桃体が形成された野生環境下において、生き物が安心して熟睡することは、おそらく難しかったはずです。それが、こんなに熟睡できている。ならばきっと大丈夫……扁桃体がそう感じても、おかしくありません。

　国立精神・神経医学研究センターが、14名の健康な成人男性を対象に行った実験があります。それは、5日間の十分睡眠セッションと、5日間の睡眠不足セッションの両方に参加してもらい、睡眠不足が脳活動に及ぼす影響を調べるというものでした。

　その結果判明したのは、5日間の睡眠不足（平均睡眠時間は約4時間半）で、ネガティブな情動刺激（他人の恐怖表情が写った写真を見せる）に対する左扁桃体の反応が活発になるということでした。つまり、睡眠不足の状態にあると、不快な刺激に対して扁桃体はよりいっそう興奮しやすくなるということです。

前帯状皮質との結びつきを強める

と同時に、この実験を通じて、睡眠不足になると、前帯状皮質と、扁桃体の結びつきが弱まることが明らかになりました。前帯状皮質は、扁桃体の活動を抑える役割を果たしており、両者の結びつきが弱まることで、扁桃体は過活動(興奮)へと傾いてしまうのです。

メカニズムの問題はともかく、確実にいえるのは、扁桃体の性質を穏やかにしようとするならば、十分な睡眠時間をとるほうがよさそうだということです(十分な睡眠時間は、25歳であれば約7時間、45歳であれば約6.5時間とされています。もちろん個人差があります)。

十分な睡眠をとることで、2つの部位の結合を強化し、前帯状皮質が抑制機能を発揮できるようにすること。周囲にネガティブな情報があふれるこの時代、心の健康を維持するための、ベーシックな習慣といえそうです(「十分な睡眠」のポイントは下記を参照してください)。

「十分な睡眠」のための基本7箇条
❶ 夕方以降、強い光を浴びない
　(間接照明にする、タブレット・スマホを見ないなど)
❷ 遅めの夕方から夜にかけて、軽い運動をする
❸ 夕食は寝る3時間前までに済ませる
❹ 就寝前の酒・タバコ・カフェインを避ける
❺ ぬるめの風呂に、寝る1時間〜2時間前に入る
　(眠るために必要な「深部体温の低下」に適した方法)
❻ 眠たくなってから寝床に入り、起きる時間は遅らせない
❼ 体内時計のリセットのため、起床したら太陽の光を浴びる

04 穏やかにする❷ 匂いと音楽

扁桃体に送るメッセージの基本ルートは、いわゆる「五感」です。ここでは、その中でも有力なルートとなる、嗅覚と聴覚に着目してみます。

匂い：扁桃体への直行メッセージとなる

　五感は、扁桃体の重要なパートナーです。脅威発見センサーとしての機能を果たすには、外部の情報を感知する仕組みが必要ですが、その機能を全面的に担っているのが五感です。言い換えれば、扁桃体の脳外の出先機関のようなものであり、メッセージを届けようとするならば、そのルートを活用することは、ごく当然のことといえます。

　五感の中でも、有望なのは嗅覚です。というのも、原始的な感覚のせいか、扁桃体へと情報が直接に入るルートが存在するからです（視覚などでは大脳皮質の感覚野で情報は処理されますが、嗅覚の場合、これと並行する形で、大脳辺縁系内の扁桃体につながるルートが存在しています）。嫌な匂いに対して、私たちが理屈以前に「生理的に受けつけない」と感じてしまうのは、おそらく、この原始的なルートが関与しているためと思われますが、逆にいえば、このメカニズムを活用すれば、「いい匂い」で扁桃体を効果的に安心させることも可能だということになります。それだけに、メッセージ・ルートとして有望視されるのです。

　まだ未解明の点も多いのですが、桃などの匂いが、扁桃体の血流量を減少させる（活動を抑制する）という実験報告もあり、「安心していいよ」のメッセージを伝えるルートとしての期待は十分に持てそうです。アロマテラピーで頻繁に用いられる、ベルガモット、カモミール、キャラウェイ（ひめういきょう）、ラベンダーなどの精油には鎮静効果があるとされており、こうした中から、自分にとって好ましいものを見つけ、扁桃体へのメッセージにするという方法は、十分にやってみる価値がありそうです。

音楽：ストレスホルモンの分泌を抑える

　一方、聴覚もまた、扁桃体へと「安心メッセージ」を届けるための、重要な伝達ルートであると考えられます。というのも、両者もまた長い協業の歴史を持っていると考えられるからです。

　私たちの祖先が野性環境下にあった時代、物音は脅威を探知する重要な情報源であったはずで、捕食動物の鳴き声などの恐ろしい音に対して、扁桃体は敏感だったと考えられます（ある大学の研究で、「ナイフでガラス瓶をこする」などの耳障りな音を聞いたとき、扁桃体から信号が出て、聴覚野を活性化させていることがわかりました。おそらくこれは、扁桃体が興奮し、聴覚野に対して、警戒せよと命じたということであり、かつての野性環境で、両者が手を携え、脳の持ち主に迫る脅威に立ち向かおうとしていたことが、ここからも推察されます）。

　一方、そんな環境を生きてきた扁桃体だからこそ、「安心できる！」と感じる音を提供することは、その性質を穏やかにするために、とても有効だと想像されます。とくに音楽は、こうした「快の刺激」となる音を、人為的に再構成したものであり、すぐれた扁桃体へのメッセージとなる可能性を秘めています（ストレスホルモンと呼ばれるコルチゾールが、音楽を聴くことで減少したという研究報告はたくさんあります。コルチゾールは扁桃体の影響を受けて副腎が分泌するものであり、音楽が扁桃体を抑制する機能を果たしたと考えられます）。

　匂いの場合もそうですが、感覚的な刺激は、人によって好き嫌いがあり、一概に「これが扁桃体を穏やかにする音楽だ」とは言えませんが、クラシックやヒーリングミュージックと呼ばれるものに、そうした音楽が多いことは確かです。モーツァルトやエンヤといった定番の他、イギリスの音楽療法学会が「世界でいちばん癒し効果が高い」と判定したという、マルコーニ・ユニオンの「無重力」（weightless）という曲などが著名です。

05 穏やかにする❸ 触れる

扁桃体を穏やかにする作用が高いことで、いまもっとも注目されているのが触覚です。そのメカニズムについて説明します。

幸福ホルモン・オキシトシンについて

　02において述べたように、自律神経の中枢と呼ばれる視床下部からは、一定の刺激を与えると、オキシトシンという物質（幸福ホルモンなどとも呼ばれる）が分泌されることがわかっています。

　オキシトシンは、以前は女性に特有のホルモンと考えられ、出産時に子宮を収縮する機能、母乳の合成と分泌を促進する機能などが知られていました。ところが、最近になって、男女の別なく、また年齢にも関係なく分泌され、他者への信頼感や幸福感を高めるなど、「心」によい効果をもたらす物質として、急速に注目を浴びるようになりました（このため、愛情ホルモン・思いやりホルモンなどとも呼ばれます）。

　また、血圧の上昇を抑えたり、心臓の機能をよくするなど、身体の健康にも寄与することがわかってきたこともあり、最近になってますます注目を集めるようになっています（右ページ参照）。

　このオキシトシンの受容体がもっとも多く存在する脳部位が扁桃体です。オキシトシンが扁桃体に作用すると、信頼感が高まり、逆に恐怖感が減少するとされています（鼻腔から嗅がせるだけで、相手に対する信頼感が高まってしまうという研究報告さえあります）。比喩的にいえば、扁桃体が、とても素直にいうことを聞き、性質を変えてくれる可能性のある「メッセージ文」がオキシトシンだということになります。

　しかし、どんなにいいメッセージ文も、届けられないことには意味がありません。どうすればオキシトシンは分泌され、効率的に扁桃体へと届くことになるのでしょうか。

「触れる」とオキシトシンが分泌される

　オキシトシンを分泌させる、もっともシンプルな方法はスキンシップです。人に触れられると、その感覚が脳に伝わり、視床下部からオキシトシンが分泌されるのです（その際に、触れられたほうだけでなく、触れたほうでもオキシトシンが分泌されます）。

　手をつなぐ、あるいは頭をなでたり、軽く腕に触れるだけでも、その効果はあるとされていますが、できれば、より広い面積で、より高い頻度で触れるほうが効果は高いとされています。リラックスした手の平で、ゆっくりとなでてもらう（あげる）ことが好ましいようです。

　また短い時間でよいので、1日に何度もなでてもらう（あげる）ほうが、効果的とされています。

　触れることの効用を活用した、タッチケア・タッチセラピーなどと呼ばれるメソッドは、育児・看護・介護などの現場で広く実践されています（とくに介護の現場では認知症の方への有力なアプローチ手法となっています）。現在、育児や介護の只中にある人、自分自身や家族が強いストレスを感じている人は、効果性を高めるため、体系化された手法を学んでみるのもよいかもしれません。

オキシトシンの効果について
- 人への信頼感を高める、親近感を高める
- 学習能力を高める
- ストレスを軽減し、リラックスさせる
- 不安感を和らげる、幸福感を高める
- 痛みを和らげる
- 心拍や血圧を低下させる、心臓の機能をよくする
- 免疫力を高める ➡ 長寿になる

　　　　　　　　　　　　　　　　　　　　　　　　　など

06 穏やかにする❹ つどう・語り合う

引き続き幸福ホルモン・オキシトシン。社会的動物である人間には、直接的なスキンシップ以外にも、分泌させる方法があります。

つどうこと・語り合うことの効用

　スキンシップがオキシトシンを分泌させることを述べました。これはヒトを含む多くの動物において確認されていますが、その一方、ヒトに関しては、直接的な肌の触れあいがなく、つどい、打ち解けて話をするだけでも、オキシトシンは分泌されると考えられています。

　たとえば、私たちは、親しい仲間と飲み会と称する会合をしばしば開きますが、こうした行為でも十分に分泌されるとされます（あまり緊張しない、気楽な店のほうがいいようです）。

　お酒の力も借り、安心して好きなことを語り合う。言葉という独自のツールを手に入れた私たちは、言葉のやりとりという心理的な触れあいによってでも、オキシトシンを分泌することができ、その効果である「信頼感や親近感の向上」を得ることができるのです。

　また、1対1の会話の場合でも、話をていねいに聞くなど、温かみのある態度をとることで、オキシトシンが分泌され、信頼感・親近感が深まるとされています。最近、聴く技術の重要性がよくいわれますが、その重要性は、脳科学の観点からも確かということになります。

　社会的な動物である人間は、単独で生きられるほど強くありません。支えてくれる存在が必要なのです。

　家族でも友人でも同僚でも、誰でもかまいません。気楽に、安心して語り合える存在を持つようにしてください。それが、オキシトシンという物質の分泌を通して、扁桃体へのメッセージとなり、その性質を穏やかにし、不安を軽減する力になっていくはずです。

コミュニケーションと前頭前野

　オキシトシンの効能とは直接には関係しないのですが、つどうこと・語り合うことは、ブロードマン46野（前頭前野背外側部）と呼ばれる脳部位に作用し、扁桃体に対する「安心していいよ」のメッセージになる可能性があるので、ここで付記しておきたいと思います。

　第2章で述べたように、前頭前野は、扁桃体の「なだめ役」のような機能を果たしますが、その役割がうまく担えるかどうかに、この「46野」が深く関わることがわかっています。そしてどうやら、この部位がきちんと機能するかどうかは、その人が、良質なコミュニケーション体験を重ねてきたかどうかと深く関わっているらしいのです。

　幼い頃に十分に人と触れあう体験をした人は、46野が発達するとされています。また仮にキレやすい性質を持った成人でも、感情的にならず、穏やかなコミュニケーションをとることを時間をかけて学べば、46野の機能は強化されるといわれています。社会的動物である人間にとって、コミュニケーションの質は、いくつになっても大切なのです。

「46野」の強化が扁桃体を穏やかにする

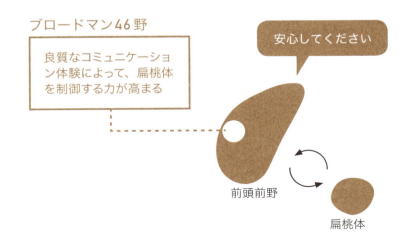

07 穏やかにする❺ 環境を改善する

01において、扁桃体を穏やかにするには、生活環境の改善が前提となることを述べました。といっても、改善すべき事柄も多く、それは容易なことではありません。ここでは、「他人の影響によって生じる好ましくない環境」の改善に的を絞り、その方法を考えてみたいと思います。

最大のノイズは「他人の理不尽な言動」

　扁桃体を興奮させる危険性の高いもの、すなわち扁桃体の環境を悪化させる最大の原因となるのは、「他人」という存在です（もちろんそれ以外のものも興奮させますが、これと比較すると微々たるものです）。

　他人は、気まぐれで、その言動は予期が困難です。また、相手によっては、理不尽なことを言ったり、意味不明なことを行ったりします。そういう存在である以上、扁桃体が興奮しやすいのは、ごく当然のこといえます（それは「怒り」「イライラ」などの感情として感知されます）。

　しかし、その一方、そうした危険性があろうとも、相手を無視したり、関係を終了させたりできないのが、現実というものです（とくに仕事上の人間関係はとても難しいものがあります。かくしてストレスが慢性化し、うつ状態へと突き進んでいくことになります）。

　では、どうすれば、いいのでしょうか。

　もちろん、状況は千差万別なので、万能の方法などあるはずがないのですが、基本的に解は1つしかありません。それは、あなたの心を波立たせる「ノイズ」を明らかにして、これを予防的にシャットアウトする対策を講ずるということです（ここでのノイズとは、先に記した「理不尽だったり、意味不明だったりする他人の言動」を指しています）。

　「そんなこと無理だ……」と思ってしまえば、そこで終わりです。何とかしようと思うならば、ここで一度本気で考え、実行してみてください。

「ノイズの予防」をどう実現するか

では「ノイズ（理不尽な言動など）を予防的にシャットアウトする」ためには、どのような筋道で考えていけばいいのでしょうか。

最初に行うのは、あなたの本分（やるべき仕事）を阻害し、心を波立たせる「ノイズ」を、事実として洗い出すことです。具体的には「腹を立てたり、イライラした他人の言動（出来事）」を列挙することになります。

それを終えたら、洗い出したノイズ（事実）について、「パターン分類」をしてみます。共通性のあるもの（似たようなもの）を一括りにするということです（例：他人が話しかけてきて仕事が中断される）。

パターン化を終えたら、次には、その中で、今後とも発生する可能性が高く、また「心が波立つ度合（怒りやイライラなどのレベル）」が高いパターン、つまり影響の大きいパターンを特定します。

そして、上記を受けて、パターンごとに、「対策（予防策）」を考える作業に着手します。（P.136～137の「対策パターンのリスト」を活用してください）。そして、対策を決めたら、実行の難易度を見定め、容易なものから実行に移します。

「ノイズの予防策」を考える手順

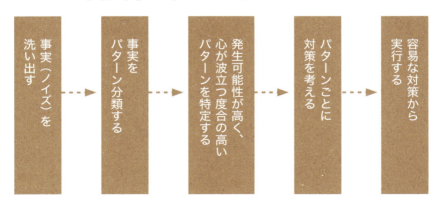

事実（ノイズ）を洗い出す → 事実をパターン分類する → 発生可能性が高く、心が波立つ度合の高いパターンを特定する → パターンごとに対策を考える → 容易な対策から実行する

おわりに

　内容の可否についてはさておき、本書を読まれた方の多くは、「カテゴリー不詳感」というか、この本はいったいどんな領域に属するものなのだろうと、すこし首をかしげるのではないかと思います。テーマとしては心理学だけれど、途中からは思考トレーニングの趣きが強くなり、また一方では脳科学的な内容もあちこち出てくる。自分で書いておきながら何ですが、「まあ不詳だよな」と、正直、思わなくもありません。

　そんな不詳感を取り除くものになるかどうかわかりませんが、著者としては、「思考学」の観点から本書を書いたことを、ここで申し添えておきたいと思います（そんな学問分野がとくに世の中に存在するわけでなく、個人的に標榜しているだけですが）。

　本編で既述のように、感情は、「評価」という思考が脳内に生み出す波紋のような現象であり、発生メカニズムを探ろうとすれば、どうしても思考問題を扱わざるを得なくなります。また、思考の問題を論じようとするならば、それを生み出す脳という器官の問題も、どうしても扱わざるを得なくなります。川の問題を論じるのに、わざわざ上流と下流を分けたりしないように、脳と思考と感情の問題を分けて考えられないし、またその必要もない。それが、思考学の立場からの私の考えであり、その結果として、本書の「カテゴリー不詳感」は生まれた。なかば言い訳みたいなものですが、そういうことだとご理解いただければ幸いです。

　さて、その「思考学」ですが、このテーマにこだわることには、私なりの理由があります。それは、理系、とくにAI（人工知能）の領域において、すさまじい勢いで思考研究が進んでいるのに対し、文系領域の思考研究がまるで進んでいないことに、焦燥めいたものを感じるためです。

　文系領域の思考研究とは、AIのように、思考をヒトから分離して扱うの

ではなく、生身の身体と一体化した「ヒトの思考」として考究することだと、個人的には考えています。本編で「バグ」について述べましたが、ヒトの思考は、扁桃体などの影響を受けて、いとも簡単に非理性的な方向へと逸脱してしまいます。そんなダメさ加減を直視し、それはそれとして受け入れた上で、ヒトが幸福に生きるための「思考のかたち」を模索する。それが、理系とは異なる、「文系の思考研究」だと考えています。

　不安などの感情問題は、その代表的な考察対象ですが、そのカバー範囲は広く、他人への思いやり・自発性・創造性など、人生を左右するようなテーマの多くは、「文系の思考研究」の考察対象となります（表面的な見え方は違いますが、これらはすべて「ヒトの思考」の問題です）。こうした重要なテーマに対して、果たして文系知は何ごとかを成し得たのか。すくなくとも現在の日本社会の状況を見る限り、「何もできていないわな」と、率直に認めるしかなく、それゆえに焦燥感は募るのです。

　50代も半ばを過ぎました。道は遠く、身体は不具合だらけですが、幸い、意欲を司る前頭前野は機能を保っているようです。自己流・思考学の道を、さらに突き進んでいきたいと思います。

　──というふうな、気持ち余って言葉足らずかも知れない本書にお付き合いいただき、読者の方には御礼の申し上げようもありません。ありがとうございました。また、カテゴリー不詳な本書の上梓を認めてくださったプレジデント社さん、ときどき弱気な私を、1年近くにわたってサポートしてくださった、編集担当の名越さん、ありがとうございました。この場を借りて、厚く御礼申し上げます。

奈良雅弘

奈良雅弘（なら・まさひろ）

キャリアサイエンス研究所所長
1959年山梨県生まれ。東京大学文学部卒業後、産能大学経営開発研究所（当時）入職を機に、HRD（人材開発）に関する理論研究者・コンテンツ開発者としての道を歩み始め、現在に至る。独自の理論体系と、それに基づき構築された教育プログラムを企業、人材教育会社に長年にわたり提供している。主たる研究テーマは「思考システムとしての人間」。著書に『ストレスに負けない技術』（田中ウルヴェ京との共著／日本実業出版社）、『日経TEST公式ワークブック』（日本経済新聞社との共著／日経BP社）。

「不安」にならない練習

2016年11月19日　第1刷発行

著者	奈良雅弘
発行者	長坂嘉昭
発行所	株式会社プレジデント社
	〒102-8641 東京都千代田区平河町2-16-1
	平河町森タワー13階
	編集 (03) 3237-3737　販売 (03) 3237-3731
	http://president.co.jp
装丁・本文デザイン	草薙伸行 ● Planet Plan Design Works
イラスト	大坪紀久子
校正	中山祐子
編集	名越加奈枝
販売	高橋　徹　川井田美景　森田　巖
	遠藤真知子　塩島廣貴　末吉秀樹
制作	田原英明
印刷・製本	東洋美術印刷株式会社

©2016 Masahiro Nara
ISBN 978-4-8334-5109-3
Printed in Japan
落丁・乱丁本はお取り替えいたします。